淡海《おうみ》文庫 61

サンライズ出版

太田 浩司 著

近世への扉を開いた羽柴秀吉

長浜城主としての偉業を読む

SUNRISE

はじめに

この本は、表題に反して秀吉賛美の本ではない。秀吉が天下人となったのは偶然だが、その天下を取った秀吉が最初に城主であった長浜の地に、日本近世（江戸時代）の原点があるのは必然である。そんな話が展開する。その意味では、秀吉という人物を通して、日本の近世社会のルーツを探る意図があるのが本書である。あるいは、日本の中世から近世への変革の深層を探る本でもある。

この中で、度々登場する平成十六年まで続いた、長浜市街地での「秀吉公ゆかりの石碑・石柱建立事業」において、私は事務局を担当した。実行委員の市民から、なぜ太田は会議の場で秀吉に「公」をつけないのかと抗議を受けたことがある。「公」をつけたら、秀吉の全人格を肯定することになる。あくまで学芸員として、秀吉を客観的にとらえたいと言ったら、それは「あなたの傲慢《ごうまん》」だとも言われた。

私は、秀吉という人物を、日本の歴史に絶大な影響を与えた一人物として描きたい。秀吉の長浜開町は、長浜の町にとって「善」であるが、朝鮮出兵への負担は長浜の町にとっても「悪」

であったろう。そして、この出兵そのものも。このように、「善」も「悪」もある一人の歴史的人物としてとらえたい。そんな学芸員としての当然の願望を持っている。秀吉は、幸運にして天下人となる。そのため、長浜城主として行なってきたことが、近世へとつながる全国政権で生かされることになる。それは、素直に彼の業績として認めよう。

この秀吉の業績は、今の長浜という町を、単なる地方都市に留《とど》まらない、由緒ある町にしている最大の理由である。そこを、とことん掘り下げてみた。だから、それは長浜という町の地方史でありながら、全国に通じる歴史でもある。明治維新にも勝ると思われる、近世社会の創出という日本の大構造改革の波が、この地方都市から起きたのである。今の日本は「地方創生」がささやかれるが、この長浜の四百年余りの前の実例を、再起するイメージかもしれない。その時の長浜は秀吉のおかげで必然の成り行きの中、変革の嚆矢《こうし》となったが、今は地域住民の努力なしに果たせないという現実がある。

長浜の過去を検証し、数少ない古文書や地上に残った地形や地名などにより、この町がたどった歴史を正確に跡付けようとしたのが本書である。けっして秀吉を称賛することはしないが、長浜の町がたどった歩みには敬意をもって接したい。長浜という地方都市を出発点とする日本近世史がここで繰り広げられる。

＊本文中で、秀吉判物（長浜市長浜城歴史博物館蔵、90）などと記された（　）内最後の番号は、名古屋市博物館編『豊臣秀吉文書集』一～三（吉川弘文館、二〇一五～二〇一七）の文書番号と一致する。

目次

第一章　浅井氏攻めと秀吉

一　元亀争乱の始まり

秀吉の近江侵攻　後に長浜城主となる秀吉と北近江・長浜の地が大きく関わることになる端緒は、元亀《げんき》元年（一五七〇）六月二十八日の姉川合戦後に横山城の守備を信長から任されたことにある。それ以前、織田信長と浅井長政の手切れが明白になると、秀吉は美濃国稲葉山城（後の岐阜城）の城主・斎藤龍興《たつおき》の家臣で、近世の由緒書や軍記物では「軍師」として知られる竹中半兵衛重治を味方に引き入れ、その力により浅井氏の国境を守備していた堀・樋口氏を調略したという話がある。秀吉が半兵衛を味方とした話は、『甫庵信長記』や『浅井三代記』に載り、あまりも有名な話だが、良質な史料からは一切確証が得られない。

秀吉は姉川合戦をさかのぼること約二ヶ月前に当たる四月二十日に、信長と共に朝倉氏攻めのため、若狭から越前に攻め入り、二十五日には手筒山城（敦賀市所在）、二十六日には金ヶ崎城（敦賀市所在）を攻略する。しかし、二十八日には浅井氏の離反を知って、信長は急遽朽木《くつき》を通って京都へ帰還する。この時、秀吉は金ヶ崎城に残り、信長軍の殿《しんがり》をつとめた「金ヶ崎の退《の》き口」の逸話は著名である。その後、京都を経て五月二十一日に岐阜に帰着した秀吉は、早速信長の命を受けて、浅井氏攻めの準備に取り掛かる。

浅井氏攻めの主将・秀吉　元亀元年（一五七〇）六月四日付けの木下秀吉書状（名古屋市博物館蔵、23）は、その準備の状況を伝える貴重な史料である。堺商人の今井宗久に宛てて、北近江に軍事行動を行なうにあたり砦《とりで》が三つあり、一番先の砦には秀吉の軍三千を配置し、氏家直元《うじいえ》を安東守就《もりつぐ》の守る砦へ、稲葉良通を水野信元が守る砦へ配属し、宗久には鉄砲の火薬三十斤《きん》と、焔硝《えんしょう》三十斤を送るように依頼している。この三つ砦が具体的にどこに当たるかは不明である。秀吉は浅井氏家臣の堀・樋口氏を調略するが、両者が守備を固めていた近江の長比《たけくらべ》・苅安尾《かりやすお》を秀吉が接収するには、六月四日は少々早すぎると考えられる。この三つの砦は、美濃国内の城と考えられるが、ここで秀吉が信長の近江侵攻に当たり、その先鋒を担っていたことが知られる。

さらに、『信長公記』によれば、六月十九日に浅井氏攻めのため、近江へ侵入した信長が、二十一日に虎御前《とらごぜん》山まで進んだ時、従った信長の多くの家臣の内の一人として、秀吉の名がみえている。そして、六月二十八日の合戦後、浅井氏家臣の上坂・三田村・野村肥後の三人が横山城から退出すると、『信長公記』によれば「木下藤吉郎定番として横山に入《いれ》置《お》かれ」とある。このように、信長の浅井氏攻めの最前線基地となっている横山城の城主に抜擢《ばってき》された事実から、また先の六月四日付けの秀吉書状から、浅井氏攻めの主将として信長が秀吉を当初から想定していたことが知られる。元亀元年（一五七〇）四月から六月の姉川合戦に至る戦略、特に浅井氏家臣団の調略について、秀吉や半兵衛が大きな役割を果たしていたことも事実だろう。

横山城二重堀切　辻村耕司氏撮影

横山城将としての秀吉　横山城を任された秀吉は、浅井氏が滅亡する天正元年（一五七三）まで、あしかけ四年間にわたって浅井氏の最先鋒として活躍する。元亀三年（一五七二）七月二十七日、信長は小谷城正面にある虎御前山に砦を構築し、浅井氏包囲網の範囲を狭めるので、横山城の軍事的役割は低下するが、翌年八月二十九日から九月一日に行なわれた小谷城への最終的な攻撃では、秀吉が先鋒を担っており、浅井氏攻めの主将であることには変化なかったようである。

横山城将としての秀吉の姿を知り得る古文書は少ないが、元亀二年(一五七一)正月二日の信長朱印状(東京大学史料編纂所蔵)によって、信長によって北国から大坂への通路を遮断し、特に姉川から朝妻(米原市朝妻筑摩)までの間について、諸商人が行き交うことを禁止するように命じられている。北国は信長に敵対する一向一揆《いっこういっき》の拠点であり、そこと大坂本願寺の間を、商人に扮した密使が往復することを禁じたもので、横山城将であった秀吉にこの任務が任された。なお、信長は同じく伊丹忠親に宛てて、前年十一月十四日に北国と大坂との通路を塞ぐよう朱印状(大阪城天守閣蔵)を出しており、本書との関連が指摘できる。伊丹は秀吉の北近江管内より南、近江南部から山城にかけての地域での通路遮断を命じられているものと解釈できる。

また、秀吉が信長の側近・馬廻であった御長(菅谷長頼)・塙《ばん》直政・市橋長利・塚本小大膳《こたいぜん》に対して、二月十七日付けで出した書状(名古屋市博物館蔵、874)は、「横山在城」している大橋長兵衛の本貫地である美濃国多芸郡高畠(岐阜県養老郡)で、大橋の家臣たちが反乱を起こしたという情報が入ったので、それを調査するように依頼している内容である。『総見記』によれば、竹中半兵衛や加藤光泰・苗木佐助が横山在城していたことが分かるが、本書に示されるように、美濃出身の地侍もいたことが分かり興味深い。さらに、十二月二十日の大橋長兵衛(尉)

宛秀吉書状（名古屋市博物館蔵、９４２）は、美濃衆で信長馬廻である丸毛《まるも》光兼と大橋が、山城国内の給地（所領）を争った際に、大橋の知行を保証した内容である。大橋は横山籠城衆として、秀吉の寄子《よりこ》だったと言え、その所領管理については横山城主で、かつ寄親《よりおや》でもある秀吉が責任の一端を担っていたことが判明する。

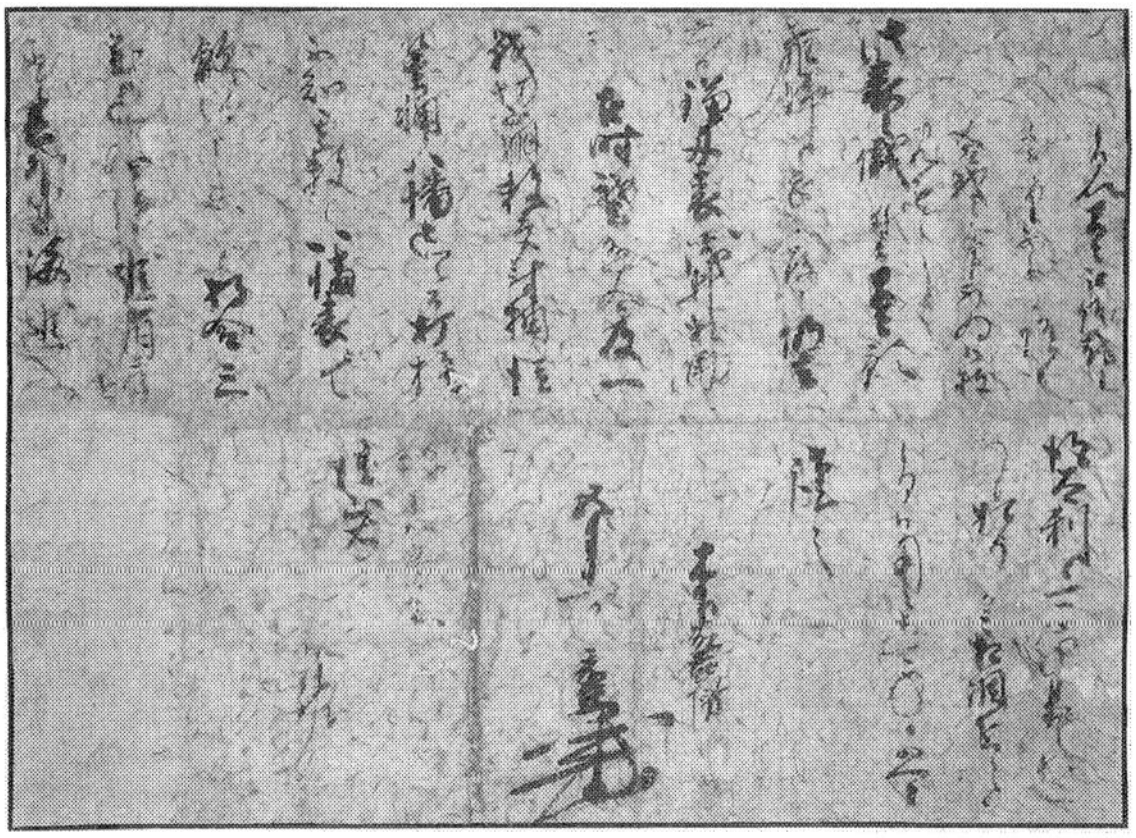

木下秀吉書状　徳山右衛門尉宛
長浜市長浜城歴史博物館蔵

「さいかち浜」の合戦　この間、秀吉と浅井氏の戦いについては、姉川合戦など触れることは多いが、詳細は拙著『浅井長政と姉川合戦―その繁栄と滅亡への軌跡―』で触れたので、ここでは『信長公記』と秀吉が出した文書の内容がほぼ一致する、元亀二年（一五七一）五月七日の「箕浦《みのうら》合戦」・「さいかち浜合戦」についてのみ触れておこう。同年五月十一日付けと推定される木下秀吉書状（長浜城歴史博物館蔵、39）は、その家臣と考えられる徳山右衛門尉に宛てたものだが、「さいかち浜」の合戦に至る経過を詳細に語る。浅井軍が信長方となっていた鎌刃《かまのは》城（米原市番場所在）がある箕浦庄まで出撃してきたので、これに秀吉が応戦した。さらに、浅井軍が箕浦庄《みのうらのしょう》から八幡庄《はちまんのしょう》（長浜市市街地付近）まで退却するのを追撃、秀吉軍は多くを討ち取った上、八幡庄付近で取って返した敵をも、三度まで押し返し討ち取った。さらに残った敵を海（湖）に追い入れて勝利したと記している。

この合戦は、『信長公記』にも記されており、それによれば浅井軍の大将は、浅井井規《いのり》で五千ばかりであった。同軍が鎌刃城付近で放火を行なったので、横山城にいた秀吉は浅井井規の攻撃部隊に気がつかれぬよう鎌刃城周辺に至り、鎌刃城主・堀秀村やその宿老・樋口直房と協力して浅井軍と戦ったと記される。浅井軍には一向一揆が混じっており、下長沢（米原市長沢）付近で合戦があったが、浅井軍は切り崩された。さらに下坂の「さいかち浜」に逃れたが、これも秀吉軍が討ち破った。

五月十一日付けの書状は、信長と一向一揆との最大の戦いであった「箕浦合戦」から「さいかち浜合戦」の一部始終を、秀吉の言葉で述べているのが貴重であるが、その内容が『信長公記』とほぼ一致するのも、記述内容の信憑性《しんぴょうせい》を高めている。「箕浦合戦」に多くの一向一揆が参戦していたことは、一向一揆の主導者であった西上坂村（長浜市西上坂町）の順慶寺住職・禅空の塚と言われる遺跡が、現在も米原市箕浦の住宅内にあることからも明らかである。湖北十ヶ寺の一つ・順慶寺の住職は当地で戦死し、後日墓がつくられ椿《つばき》の木が植えられた塚（墓）が築かれたとされる。また、下坂浜付近では多くの一向一揆軍が湖に追い詰められ溺死《できし》したとの伝承がある。同地には現在、一本のサイカチの木が残るのみだが、当時は多くのサイカチの並木があったことから、「さいかち浜の合戦」と呼ばれ、これら戦死者を弔う碑が米原市長沢の福田《ふくでん》寺《じ》境内に存在する。

二　秀吉の浅井領国への政策

浅井氏家臣の登用　秀吉が浅井氏旧臣を多く登用したことは、石田三成・田中吉政・宮部継潤・脇坂安治・片桐且元・小堀正次・新庄直頼などの例があり、よく知られた事実である。彼らを「近江衆」と呼ぶ場合もある。さらに、秀吉の尾張・美濃時代の家臣へ仕えた者、つまり秀吉からすると陪臣《ばいしん》としての登用もあったことは、日本各地の大名家臣に多くの北近江出身者が見えることで分かる。その例としては、山内一豊の家臣で、高知城の縄張を担当したことで知られる百々《どど》越前の名などが想起されるのである。百々氏は坂田郡鳥居本宿南の百々村（彦根市鳥居本町）の出身と見られる。しかし、彼らが秀吉によっていかに見出され、どのような経過で家臣・

田中吉政像　長浜市長浜城歴史博物館蔵

陪臣となったかについては、具体的に不明な点が多い。その中で、浅井氏家臣から秀吉家臣の浅野長政・中村一氏家臣に転身した野一色《のいっしき》家の場合は、その由緒書『大原佐々木先祖次第』により、登用の経過が知られて興味深い。

　野一色家は坂田郡野一色《のいしき》村（米原市野一色）を本貫とする地侍で、その祖を佐々木大原氏とし、浅井氏にも仕えた一族で、長頼（主殿助《とのものすけ》・勝右衛門）やその弟・頼母《たのも》の時代に浅井氏が滅亡した。『大原佐々木先祖次第』は、安芸国広島藩士（藩主は浅野家）となった野一色秀長が記した中世以来の同家の由緒書だが、父・長頼や伯父・頼母の事績を記述した部分もある。本書の成立は寛永九年（一六三二）であり、秀長が親・叔父から聞いた六十年ほど前の事績を聞き書きで記していると考えられ、信憑性は高いものと判断される。

　同書によれば、長頼と頼母は坂田郡大原庄の代官として入部した浅野長政を頼って、横山城で秀吉と対面したとある。そこで秀吉からは、長頼は浅野長政に、弟の頼母は中村一氏《かずうじ》に仕えるよう命が下ったとされる。旧浅井氏の家臣の登用は、その地の代官となった秀吉家臣等の手づるを頼って、秀吉との面会が実際に行なわれ、その命に従って秀吉軍団の中に編成されていった事実が読み取れる。

浅井氏攻めから長浜城主となる過程で膨張した秀吉家臣団は、浅井氏の旧臣から秀吉への仕官を求める形で形成されたことが分かる。なお、同書はこの話を秀吉が信長から長浜領を拝領した後のことと記しているが、本文中に「太閤藤吉郎様之時、横山ニ而御礼申上」と横山城での出来事と明言するので、秀吉横山在城時代の話を、長浜城主時代のものと混同したと考える。ただ、混同が発生するように、秀吉が長浜城主となった後においても、浅井氏旧臣の仕官希望はあったと考えられる。そこでも、本書のように何らかの縁を頼って秀吉への拝謁《はいえつ》を果たし、所属する部署が定められたと推定される。もちろん、秀吉への仕官の経過は、石田三成の「三献の茶」の逸話のようなヘッドハンティングのような事例もあったろうが、多くは秀吉への拝謁から部署（馬廻りを含めた所属する武将）の指示という形をとったのではなかろうか。

また、三月十七日付けの秀吉書状（河毛文書、881）では、佐野市次郎に対して戦場でのカセギがあれば、望みどおり恩賞を遣わす旨の内容となっている。望みの恩賞とは、基本的に本領安堵《あんど》であろう。浅井氏旧臣については、このような誘降策がなされ、秀吉や信長の家臣となる者が多く出たと推定できる。

農民の還住策　小谷落城が確実となった、天正元年（一五七三）の八月十一日、秀吉は伊香《いか》郡古橋郷（長浜市木之本町古橋）の住民（名主・百姓中）に宛て、それぞれ早く村に帰ってくるように命じた判物《はんもつ》（古橋村高橋家文書、60）を出している。同年八月十六日、秀吉の弟・秀長が黒田郷（長浜市木之本町黒田）の「惣百姓」に宛てて、黒田郷に住民が還住した上は、周辺から妨害を行なってはならないと、戦乱から村の安全を保証した書状（木之本町黒田自治会蔵）を発している。『信長公記』によれば、元亀二年（一五七一）八月二十六日、元亀三年（一五七二）三月七日・七月二十三日などに余呉・木之本周辺の村々は焼き討ちにあっていることが知られる。浅井氏滅亡以前に住民が村を離れていた理由は、この戦乱から難を逃れ、山中で生活していたためと推定される。

住民の避難場所が山中であったことは、浅井氏旧臣の上坂《こうざか》家（長浜市西上坂町在住）や、真宗寺院である浅井郡尊勝寺村（長浜市尊勝寺町）の称名寺に伝来した文書から類推できる。前者は、秀吉家臣である田中吉次と藤懸吉蔵が、浅井氏旧臣の上坂伊賀守員信《おきのぶ》・信濃守正信・助六に宛てて出した七月七日付けの書状（上坂家文書）である。ここで、今度の信長との戦いにおいて浅井氏が滅亡したため、上坂氏は「山籠」していたが、生命や所領を保証するので、早々還住するように求めている。
一方、称名寺に宛てた七月一日付けの羽柴秀吉・秀勝連署書状（称名寺文書、４５１）でも、称名寺の還住を認めている。称名寺は信長と対立した湖北一向一揆の中心寺院であったので、浅井氏滅亡後は従来の居所に留まることができなかったと想像できる。しかし、これだけでは称名寺がどこに逃亡していたかは不明だが、称名寺は本能寺の変に際して、長浜城にいた正室「ねね」や大政所「なか」など秀吉の妻女を、明智軍の急襲から逃し、新穂《しんぼ》越峠を越え美濃国池田郡広瀬郷（岐阜県揖斐《いび》郡揖斐川町坂内広瀬）まで送り届けたという実話がある。称名寺がこのような江濃国境の峠をとっさに案内できた背景には、浅井氏滅亡後の逃亡先が山中であり、山道を熟知していたからと推察できる。山中には平野の権力（ここでは信長・秀吉）が及ばない「山の民」による、一種のアジールが存在したと考えている。

寺社領の保護　秀吉は浅井氏との戦闘中から、北近江の寺院に寺領安堵状を出しており、竹生島と大原観音寺の例が知られる。竹生島に対しては、姉川合戦の一ヶ月ほど後になる元亀元年（一五七〇）七月二十五日に、竹生島の寺領や買得地に規定の年貢以外の課役をかけてはならないこと、早崎村（長浜市早崎町）は竹生島の「門前」であるから同寺の置目《おきめ》（規則）に従って統治されるべきこと、竹生島船の各所通行の許可を与える旨が記されている(竹生島文書、24)。秀吉が属する信長軍は、本書が出されてから二年後の元亀三年(一五七二)七月二十四日、竹生島を浅井方の寺として、大砲や大筒を使って攻撃している。したがって、先の安堵状が出た時点で竹生島が信長軍に降伏していた訳ではない。どちらかというと、降伏を誘うために秀吉が出した文書と理解していいだろう。竹生島の信長への降伏は、元亀四年(一五七三)七月一日付けの織田信長朱印状が出された時点と見て間違いなかろう。さらに秀吉自身も、天正二年(一五七四)九月二十一日付けで、長浜城主として三百石の寺領安堵状を出しており、関白・太閤になってからも竹生島を手厚く保護している。

坂田郡大原庄の所在した観音寺(米原市朝日)にも、秀吉の木下時代の安堵状が現存する。この寺はかつて伊吹山中にあったと言われ、弥高寺・太平寺・長尾寺と共に伊吹四ヶ寺の一つであったが、鎌倉時代には現在地に移ったと見られる。本書には年号がないが、八月二十四日付けで当寺の僧たちが還住することを認め、浅井氏時代からの寺領を安堵することが記されている。観音寺は秀吉が姉川合戦後に城主として入った横山城の東麓にある寺であり、住僧が寺から逃れた理由は、姉川合戦前後の織田軍と浅井軍との戦闘のためと判断できる。姉川合戦以降、横山城周辺で大きな合戦が行なわれていないことを重視すれば、本書は元亀元年(一五七〇)の文書と判断できる。横山城主となった秀吉は、周辺の治安も維持する役目を担ったことが分かる。なお、観音寺についても、天正四年（一五七六）二月十八日に秀吉は茶屋（宿所）の建築を申し付け、その維持費として二石を寄進している。

また、京極氏の城郭があったことで知られる坂田郡上平寺（米原市上平寺）にあった同名寺院に対して、十月五日付けで放火や一向一揆の抱え込みを禁じた書状（上平寺文書、51）を出している、坂田郡南部の上平寺周辺について、未だ治安が安定していなかった状況が読み取れるので、元亀元年（一五七〇）の文書と推定できるだろう。

三　横山城から虎御前山城へ

「中嶋」城の重要性　元亀二年（一五七一）八月二十六日、『信長公記』によれば信長は小谷城と山本山城の間の「中嶋」という所に陣をおき、足軽を派遣して余呉・木之本の周辺を焼いている。この兵は、翌日横山城に帰陣しているので、秀吉もこの作戦に関わっていた可能性が高い。「中嶋」は、おそらく小谷城の西にある丁野《ようの》付近を指すのではないかと推定される。丁野山城の南に続く丘陵には、中島城と呼ばれる陣城が存在した。ここで、『信長公記』が「大谷《おだに》

中島城　辻村耕司氏撮影

と山本山の間五十間《けん》には過ぐべからず」と記述しているのは重要である。その間に信長が野陣を敷いたというのだが、この二城を結ぶ線が浅井氏の防御ラインであった。その分断こそが北部（余呉・木之本）への進出には不可欠な作戦と考えられていたことが読み取れる。一年後の天正元年（一五七三）八月八日、この山本山城の阿《あ》閉《つじ》貞征《さだゆき》の降伏が原因で、小谷城内に混乱が生じ、落城に至った事実を考えれば、この防御ラインが浅井氏にとって、いかに重要であったかが分かる。

元亀三年（一五七二）に入ると、秀吉を最先鋒とする信長軍の浅井氏方城郭や寺社への攻撃は激しさを増す。『信長公記』によれば信長は三月六日には岐阜城から横山城に至り、前年八月二十六日と同様に翌日、浅井氏の本城・小谷と、支城・山本山の間に陣をおいて、余呉・木之本まで放火を行なった。今回も陣をおいたのは「中嶋」であろうか。この戦いにも、横山城主の秀吉は当然参陣したと考えられる。

虎御前山を拠点に　元亀三年七月二十一日には、信長は小谷城周辺の雲雀山《ひばりやま》・虎御前山に全軍を進め、佐久間信盛・柴田勝家・木下秀吉・丹羽長秀・蜂屋頼隆に、小谷城の浅井氏居館の奥から京極丸に上がる「水の手」まで攻撃を行なわせている。この時点で、小谷城清水谷は、信長・秀吉軍に制圧され、浅井氏は小谷山々上の曲輪に籠城せざるを得なくなったと推定される。

さらに、翌日には柴田勝家や美濃衆を小谷城の押さえに残し、秀吉に山本山城の攻撃を命じ、城から出て来た敵兵五十人を討ちとっている。二十三日には、余呉地域や木之本浄信寺（木之本地蔵）を焼きはらっており、「堂塔伽藍・名所旧跡一宇も残らず焼き払ひ」と『信長公記』にあるので、浅井領国北部の伊香郡域の寺院が多く被害を受けたものと見られる。伊香郡域には、信長の兵火によって避難を余議なくされた、あるいは破損したという観音像等の仏像が今も多く伝来するが、この焼き討ちの時の話を伝承している場合もあろう。

七月二十四日、信長は浅井寄りの行動を取る浅井郡の山岳寺院・大吉寺（長浜市野瀬町）の攻撃を、秀吉や丹羽長秀に命じている。夜中に寺の背後から襲った攻撃であったという。大吉寺には比叡山と同じく天台僧が籠《こも》り、一向一揆も立て籠もっていたようで、秀吉・長秀の攻撃で多くが切り捨てられるという修羅場と化した。また、同じ日には林員清《かずきよ》・明智光秀や堅田衆によって、前述のように竹生島が圧倒的な重火器によって攻撃されている。

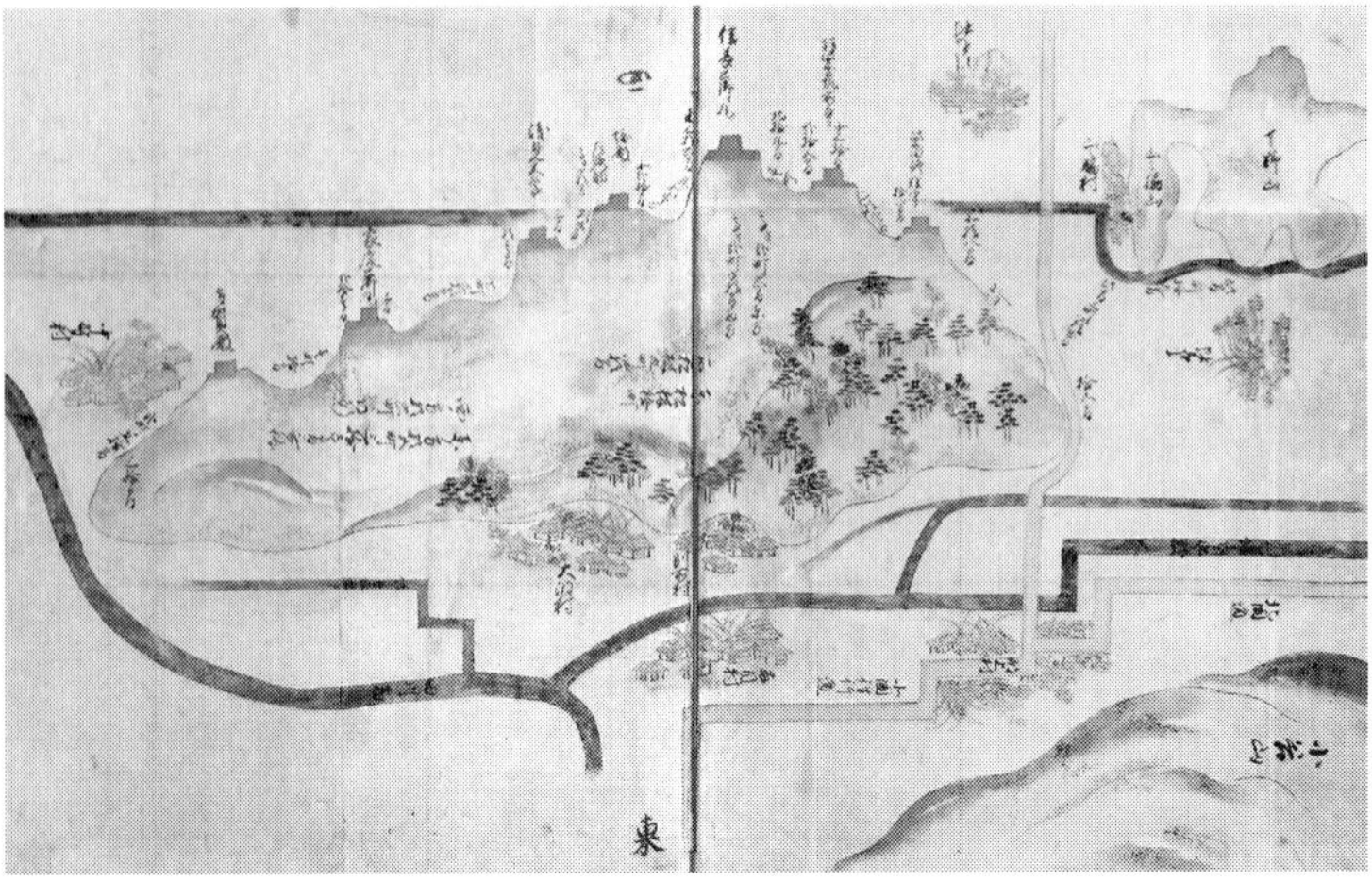

虎御前山城図　個人蔵

元亀三年（一五七二）八月八日に至り、信長が小谷城の前の丘陵である虎御前山に、七月二十八日から構築を命じた城が完成した。信長はこの虎御前山城の定番（城番）として秀吉を配した。現在数種残る虎御前山城の絵図では、いずれも秀吉陣所を最も小谷城に近く、防御性が高い曲輪《くるわ》においている。秀吉を虎御前山定番に配したことは、浅井攻めの最前線を横山城から虎御前山城に移したことの表れであるが、宮部（長浜市宮部町）までの軍道も秀吉の管理となった。小谷城の浅井長政は、元亀三年（一五七二）十一月三日、この軍道に面した築地塀を破壊すべく、浅井井規を派遣したが、秀吉の軍によって撃退されている。これは、秀吉が軍道をも管理していた事実を裏付けるものであろう。

長浜城主・秀吉の誕生へ　翌年八月、直前に「羽柴」と改名していた秀吉は、織田信長の命に従い、北近江にある浅井氏の居城・小谷城の京極丸を急襲した。虎御前山城の本陣を出て、小谷城の清水谷《きよみずだに》を直進、水の手谷から急坂をあがり京極丸に達した秀吉は、城の奥に向かって進み小丸にいた浅井長政の父・久政を自刃《じじん》させる。久政は享年四十九。そこに乗り込んだ秀吉は久政の首を持ち、虎御前山の信長の許まで運んで首実検に臨んだ。

翌日の九月一日、信長自身が京極丸へ上がり、今度は前方を攻撃、本丸下にあった赤尾屋敷に籠った浅井長政と、その重臣・赤尾清綱を自刃に追い込んだ。長政は享年二十九。この攻撃にも、秀吉は参加していたと推定できる。『信長公記』は続けて浅井氏攻めの功により、秀吉は信長から浅井氏旧領を拝領し、領地宛行《あてがい》の朱印状を得ると記す。その浅井氏旧領の要として、秀吉は長浜を選んだ。本書の主題である長浜城主・秀吉の誕生である。

秀吉にとって、元亀元年（一五七〇）から四年（一五七三）に至る四年間は、このように北近江での激闘の日々であった。しかし、この間において秀吉は戦法や調略など、合戦・攻城のあり方を実戦から学び、味方となった旧浅井家臣を自らの家臣とし、その家臣団の基礎を形づくった。

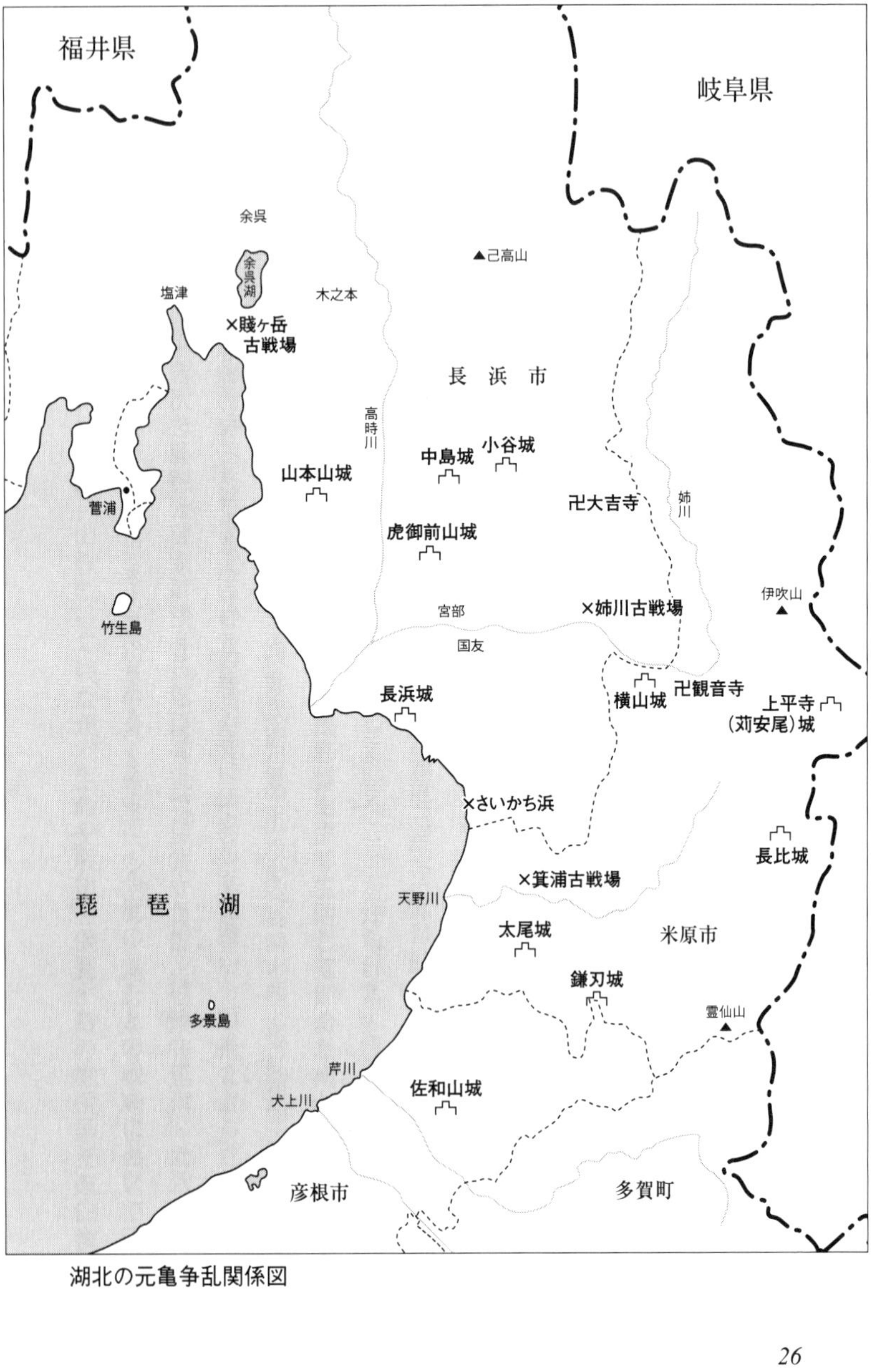
福井県
岐阜県
余呉
余呉湖
己高山
塩津
木之本
×賤ヶ岳
古戦場
長浜市
高時川
中島城
小谷城
山本山城
菅浦
卍大吉寺
姉川
虎御前山城
竹生島
宮部
×姉川古戦場
伊吹山
国友
長浜城
横山城
卍観音寺
上平寺
(苅安尾)城
×さいかち浜
長比城
×箕浦古戦場
琵琶湖
天野川
太尾城
米原市
鎌刃城
多景島
霊仙山
芹川
佐和山城
犬上川
彦根市
多賀町
湖北の元亀争乱関係図

第二章　長浜城の築城と構造

一　長浜城の築城

羽柴秀吉の長浜築城　天正元年（一五七三）九月、三十七歳の羽柴秀吉は浅井氏攻めの功績によって、織田信長から北近江三郡を与えられ、初めて領国付の城主、すなわち「一国一城の主《あるじ》」となった。いったん浅井氏の旧城にあたる小谷に入ったが、翌年から湖岸の「今浜」に築城を開始し、地名を「長浜」に変更、その居城としたのである。長浜への移転理由については、多くの説があるが、最大の理由は、湊《みなと》を持つ長浜の交通上の利便を活用し、領国経済の活性化を図ったものと考えられよう。

また、長浜への城地決定には、織田信長の意向が多分に働いているという中井均氏の説も十分説得力がある。すなわち、元亀二年（一五七一）信長の命による明智光秀の坂本城（大津市）、天正二年（一五七四）の長浜城、天正七年（一五七九）の織田信澄《のぶずみ》による大溝城（高島市）と、信長配下の重臣が、平城（水城）を湖岸に築いている。そして、信長は天正四年（一五七六）、湖岸に

長浜城本丸跡

面した安土山（近江八幡市）に自らの城を構築した。信長は、安土を中心に家臣たちの城を支城として位置付け、琵琶湖を通してネットワークを形成、近江の支配を行なう構想があったとするのが中井氏の説である。たしかに、織田家臣団内でようやく一部将としての地位を獲得した秀吉が、その城地の選定において、まったく信長の意向を聞かなかったことはあり得ないだろう。

長浜の前身である今浜には、伝承によると延元元年（一三三六）に京極導誉が築いた今浜城があったと言われている。その後、戦国時代に至って『江北記《ごうほくき》』などによると、京極高清やその家臣である上坂信光が守将として入っていたことが確認できる。しかし、この中世段階の今浜城が、いかなる縄張であったかは知るよしもない。秀吉の長浜城は、この今浜城を取り込む形で建造され、規模も相当拡大していると思われる。

秀吉は天正十年（一五八二）六月の清洲《きよす》会議まで、この長浜城の城主をつとめた。なお、『堀系譜』や『寛永諸家系図伝』は、天正九年（一五八一）九月、美濃出身の信長家臣であった堀秀政が長浜城主となったと記録するが、それを証明する客観的な証拠はなく誤伝と見るべきであろう。

「本能寺の変」後の長浜城　その後の長浜城であるが、「本能寺の変」直後に行なわれた清洲会議によって、柴田勝家の甥・勝豊が長浜城の第二代の城主となった。勝豊の城主期間は、わずか六ヶ月ほどと短期間で、天正十一年（一五八三）三月から四月にかけては、賤ヶ岳合戦における秀吉本陣として使用された。その後、天正十三年（一五八五）閏《うるう》八月から、秀吉の家臣・山内一豊が第三代城主として入城する。一豊の城主期間は五年間で、彼が遠州掛川城主として転出した天正十八年（一五九〇）七月以降は、城主不在となり荒廃したと推定される。

慶長十一年（一六〇六）、大坂の豊臣秀頼を包囲するため、徳川家康は異母弟にあたる内藤信成を第四代城主とする。信成の長浜入城にあたっては、美濃・飛騨・近江の住民が動員された「天下普請」により、その改修が行なわれている。現在わずかに残る長浜城の遺構は、この「天下普請」の結果で、必ずしも秀吉築城の長浜城の遺構でないことは注意を要する。さらに、慶長十七年（一六一二）に信成の子・信正が第五代城主となり、大坂の陣を迎えた。元和元年

（一六一五）の大坂の陣後、大坂城包囲の役割を終えた長浜城は廃城となり、その建築資材や石垣などは、彦根築城のために使用されたと伝える。

北近江の住民と長浜築城　長浜築城の経過については、不明な点が多いが、最近になって二通の新しい秀吉文書が発見され、わずかではあるが研究の進歩が見られる。まず、一通目として七月十六日付けの羽柴秀吉判物《はんもつ》（長浜市長浜城歴史博物館蔵文書、90）を紹介しよう。読み下しにして全文を掲載する。

当郷人夫、明後日十八、今浜へ鋤《すき》・鍬《くわ》を持ち未明より来るべく候、出家・侍たり共、家並《いえなみ》ニ残らず罷《まか》り出《い》ずべく候、油断に於いては、堅《かた》く成敗為《た》るべき者なり、

七月十六日　　秀吉（花押）

から川

ふせ

高田　百姓中

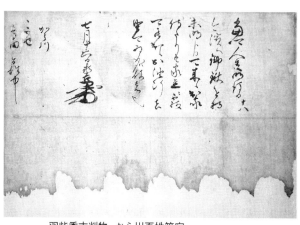

羽柴秀吉判物　から川百姓等宛
長浜市長浜城歴史博物館蔵

長浜築城中の羽柴秀吉が、伊香郡唐川・布施・高田（現在の長浜市高月町唐川・布施・東高田）の三ヶ村に対して、長浜築城のための人夫を、一軒に一人ずつ出すように命じた文書である。「出家・侍たり共」とあるが、「侍」は村に居住した地侍、またはその奉公人で、浅井氏の家臣に連なる人々であった。こういった村落支配層についても、秀吉は例外を認めなかった。ここでは七月十六日付けで、翌々日の未明までに、今浜（長浜）へ鋤・鍬を持参して出勤するように命じている。年号はないが築城の過程から、天正二年（一五七四）の文書であることは間違いない。

　長浜城の築城にあたって、北近江の住民が徴用されていたことは、すでに二通の文書から知られていた。一通は、六月六日付けで坂田郡平方村《ひらかた》（長浜市平方町）の名主百姓に宛てた判物（川合文書、88）。もう一通は、六月八日付けで浅井郡下八木《しもやぎ》（長浜市下八木町）の地下人に宛てた判物（大阪城天守閣蔵文書、89）である。本書は三通目の文書となり、長浜城の普請に際して、坂田郡・浅井郡を越えて、その北の伊香郡まで、住民徴用がなされていたことを物語っている。また、本書が城に近い坂田郡平方村への命令から、一ヶ月以上もたって出されていることを考えると、住民の徴用は城周辺から始められて、徐々に城から遠い領内に課せられていたと推測される。秀吉の長浜城は、その領国である北近江三郡の住民の協力のもと、築城がなされたのである。

長浜城建築資材の調達　次に、これも最近存在が明らかになった、九月八日付けの秀吉書状（個人蔵、97）を紹介する。同じく書き下しにして文書を紹介しておこう。

態《わざ》と申し候《そうろう》、普請・作事仕《つかまつ》り候ニ、此の方郡中ニ竹一円に之《これ》無く候間、大小に寄らず所望申すべく候、（広瀬）兵庫方《かた》次第、代の儀渡し申し之を進《まいら》すべく候、猶《なお》此の三人ニ申し含め候条申すべく候、恐々謹言、

羽柴藤吉郎

九月八日　　秀吉（花押）

久賀殿

御宿所

ここに見える「普請・作事」が、何の土木・建築工事を指すかは、本文中に記載ないが、本書を所蔵する家では、長浜築城に関するものと伝える。その文書形式から言っても、年号はないが天正二年（一五七四）の長浜築城に関する史料であることは間違いない。

本書の中で、秀吉は北近江三郡の自分の領地には竹がないので、大小によらず差し出すよう、美濃国池田郡日坂村（岐阜県揖斐郡揖斐川町日坂）の地侍・久賀《ひさか》氏に命じている。代金については、広瀬兵庫の指図によって支払う手はずになっている旨伝えている。広瀬兵庫は美濃国池田郡広瀬（岐阜県揖斐郡揖斐川町坂内広瀬）の地侍で、「本能寺の変」直後、明智方に襲われた長浜城から、北政所らの秀吉の家族を、美濃国の本貫地まで避難させたことで有名である。天正十年（一五八二）六月十九日、その功績により秀吉から、浅井・伊香郡内で五百石を宛行《あてが》われているが（個人蔵、437）、すでに天正初年から秀吉にしたがい、長浜築城に協力していたことが知られる。

日坂付近の山は、かつてよい竹が取れたと言われており、秀吉もこの点を聞きつけて、城の土壁の下地に使用するため、竹の調達を命じたものと考えられる。美濃の日坂の地は、日坂峠と品又峠を越えて、近江国浅井郡甲津原村《こうづはら》（米原市甲津原）とは、非常に近い距離にある。戦前までは、この二つ峠を越え、生糸を長浜まで出荷するなど、北近江と密接な関係にあった。秀吉の領国外ではあるが、こういった交通上の利便を考慮に入れて、建築資材の調達がなされたものと考えられる。

また、三月二十六日付けの秀吉判物（脇坂文書、882）は、「藤吉郎」を名乗っており天正三年（一五七五）までの文書と考えられるが、藤綱を作るための「藤」の調達を山田郷（長浜市小谷上山田町・下山田付近）の百姓中に命じた文書である、長浜城の普請に使用した可能性もある。

この他、西近江の大溝藩（現在の高島市勝野所在）の藩士前田梅園が記した『鴻溝録《こうこうろく》』によれば、大溝湊の人々は「長浜城御普請の時、当浦船持・漁師へ船三艘命せられ、水主《かこ》共七十日余相詰と云う」と記されている。長浜築城にあたって、秀吉は琵琶湖の対岸に当る大溝湊からも船と水主を徴用していた。このように、秀吉の長浜城は、領国内やその近隣の農民・職人など、一般住民を徴用し築城されたのである。

長浜城の竣工時期　信長から北近江三郡の所領と、長浜城を拝領した秀吉は、当初浅井氏の居城であった小谷城を本拠とする。秀吉は速やかに長浜（今浜）への築城を決意したと見られるが、最初は普請途中の長浜城へ入ることはできなった。では、秀吉の長浜城はいつ竣工《しゅんこう》したのであろうか。天正三年（一五七五）、織田信長は越前一向一揆の攻略に向かう途中、八月十三日に「大谷（小谷）羽柴筑前守所」に宿泊していたことが『信長公記』に記されている。すなわち、天正三年八月の時点では、まだ長浜城は普請中で、秀吉は入城していなかった。

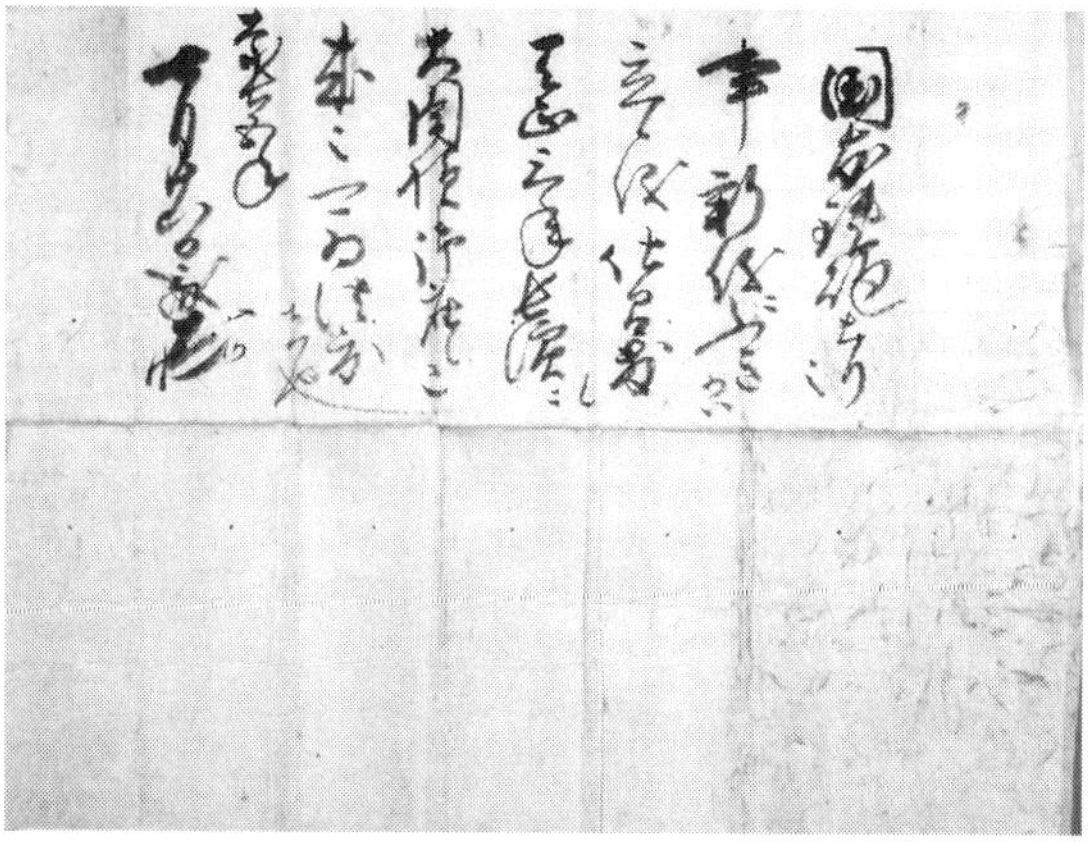
石田三成判物　国友助太夫家文書

さらに、国友鉄砲鍛冶年寄の一家・助太夫家に伝来する、慶長五年（一六〇〇）七月二十八日付けの石田三成判物《はんもつ》（国友助太夫家文書）には、国友鍛冶は天正三年（一五七五）に秀吉が長浜にいた時の法度《はっと》を遵守《じゅんしゅ》するよう説いている。この文書に従えば、天正三年中には普請が完了し、秀吉は小谷から長浜へ本拠を移したことになる。天正三年八月から十二月が、秀吉の長浜入城時期となろう。

さらに、長浜城の竣工時期を推し量ることができる秀吉文書が近年発見された。それは、天正五年（一五七七）四月十日、浅井郡伊部《いべ》村（長浜市湖北町伊部）の住民に対して、小谷城内を明け渡すので、牛馬を使用して耕作を行なってもよい旨を伝えた文書である。城内とは尾根上の本丸・大広間などの遺構ではなく、清水谷など浅井氏の居館や家臣屋敷があった山麓の谷を指すのであろう。本書は、秀吉がこれまで居城として使用していた部分を、農民たちに開放することを宣言しているのである。つまり、天正五年までに長浜城は竣工し、小谷城は完全に廃城となったことを示す。

二　長浜城の構造

長浜城の遺構　長浜城は廃城後、田地と桑畑・畑となったので、現在その遺構を明確にはとどめない。明治四十三年（一九一〇）には、本丸・二の丸（「二の丸」の呼称は推定）の跡地が「豊公《ほうこう》園《えん》」として整備され、さらに昭和になってからも都市公園としての整備が進み、わずかに残っていた堀跡などの遺構は、まったく失われてしまった。平成三十年八月現在まで三〇五次にわたって行なわれた発掘調査では、縄張を推定するにたる大きな成果を得られていない。ただ、昭和四十四年（一九六九）に行なわれた第一次調査の成果は注目され、湖岸近くに柄杓《ひしゃく》型をした石垣の根石《ねいし》列が発掘されている。その場所は、現在の豊公園管理事務所の南側にあたり、発掘された根石の並びは、今も地中にサインが埋め込まれ表示されている。

現在、長浜城歴史博物館（復興天守閣）や国民宿舎・豊公荘が建つ周辺が、小字《こあざ》本丸と呼ばれ、長浜市指定史跡となっている。本来の天守閣は、現在の長浜城歴史博物館の約五十メートル西北に残る天守台の上に構築されていた。江戸中期と考えられる「長浜町絵図」（今村本）などによれば、天守台跡の大きさは、南北十間・東西十二間であったとされている。

長浜城の天守　長浜城は近江に建設された織豊系城郭としては、坂本城に次ぐ古さを誇っている。その築城時期は安土城よりも古く、天守があったかについては、多少の疑問も存在する。しかし、天正十三年（一五八五）正月十三日付けの羽柴秀吉朱印状（下郷共済会蔵文書、１３１７）は、秀吉の長浜城に天守が存在したことを、明確に証明するものである。本書は秀吉が長浜の町人に宛て、長浜城の天守を破壊するため、石川光政と生駒《いこま》七郎右衛門を遣わすので協力するよう申し入れた文書である。

本書にみえる「其地天守壊候」の文言を、「其の地天守壊《こわ》れ候」と読むのか、「其の地天守壊《こわ》し候」と読むのか、これまで議論が分かれてきた。前者の解釈では、天守が壊れたので修繕を行なう指示となり、後者の解釈では天守の破壊を命じたことになり、まったく逆の意味となる。

秀吉は天正十一年（一五八三）の賤ヶ岳《しずがたけ》合戦後から、不要な城郭を「城わり（破城）」する政策を進めており、本書がその文書様式から天正十三年（一五八五）正月の史料と特定できる以上、後者のように長浜城の天守閣の破壊を命じたものと解釈すべきであろう。

この当時の長浜城は、城主不在であった。秀吉が長浜城主であったのは、天正十年（一五八二）六月の清洲会議までで、二代目の柴田勝豊も同年十二月には城主の座を降りていた。山内一豊が城主となったのは、この天守破壊が行なわれた天正十三年（一五八五）一月の直後、同年閏八月のことである。したがって、山内一豊が入城した当時は、長浜城の天守閣は存在していなかった可能性が高い。

本丸の遺構は、表面上何も残らないが、わずかに天守台南の道路両側に当時の石垣が残っている。ただし、当時のままではなく、大正四年（一九一五）の豊公園整備に当たって、周辺に散乱していた石を積み直したものである。その道を西に行った湖岸には、昭和十四年（一九三九）に発見された「太閤井戸」があり、長浜城の井戸であった可能性が指摘されるが、秀吉時代のものである明確な根拠はない。

長浜城天守台南の石積

本丸から外郭へ　豊公園のテニスコート・駐車場・明治山の周辺は、明治初期の地籍図には、小字《こあざ》欄干・浜畑と記された場所で、二の丸の推定地である。ただし、近代の公園化により、二の丸部分の城郭遺構は、ことごとく失われた。江戸時代から明治時代の絵図を見ると、本丸・二の丸推定地の外側に、池状の内堀が確認できるが、ほぼ同位置を現在「湖周道路」が通っている。その北側及び東側が、家臣団の集住する三の丸（呼称は推定）であった。明治初期の地籍図には、小字として殿町（現在のJR長浜駅南周辺）・内殿町（現在の殿町周辺）・伊右衛門屋敷などの地名が載り、城郭内であったことが知られる。特に、伊右衛門屋敷（現在、サーパス豊公園が建設された場所）は、山内伊右衛門一豊の屋敷伝承地となっている。また、地籍図によれば、内殿町北側には北土居・大手土居などの城郭遺構を示す地名も残っていた。現在は、殿町北側に外堀跡である大三六堀《だいさんろくぼり》が流れ、往時の面影をかろうじて保っている。また、外堀の東北隅の交差点には、「長浜城外壕」と記された石碑が建立されている。

「長浜城外壕」の石碑から南に続き、長浜駅前の「えきまちテラス長浜」の裏手を流れる南北の川、これが外堀の遺構である。長浜城の場合、外堀は二重にあった。内側の外堀は「えきまちテラス長浜」の下を流れており、現在も地籍図では細長い地番が確認される。この外側の外堀と、内側の外堀の間を、江戸時代には鞴町《たたらまち》と呼ぶようになった。送風機である鞴を使う金

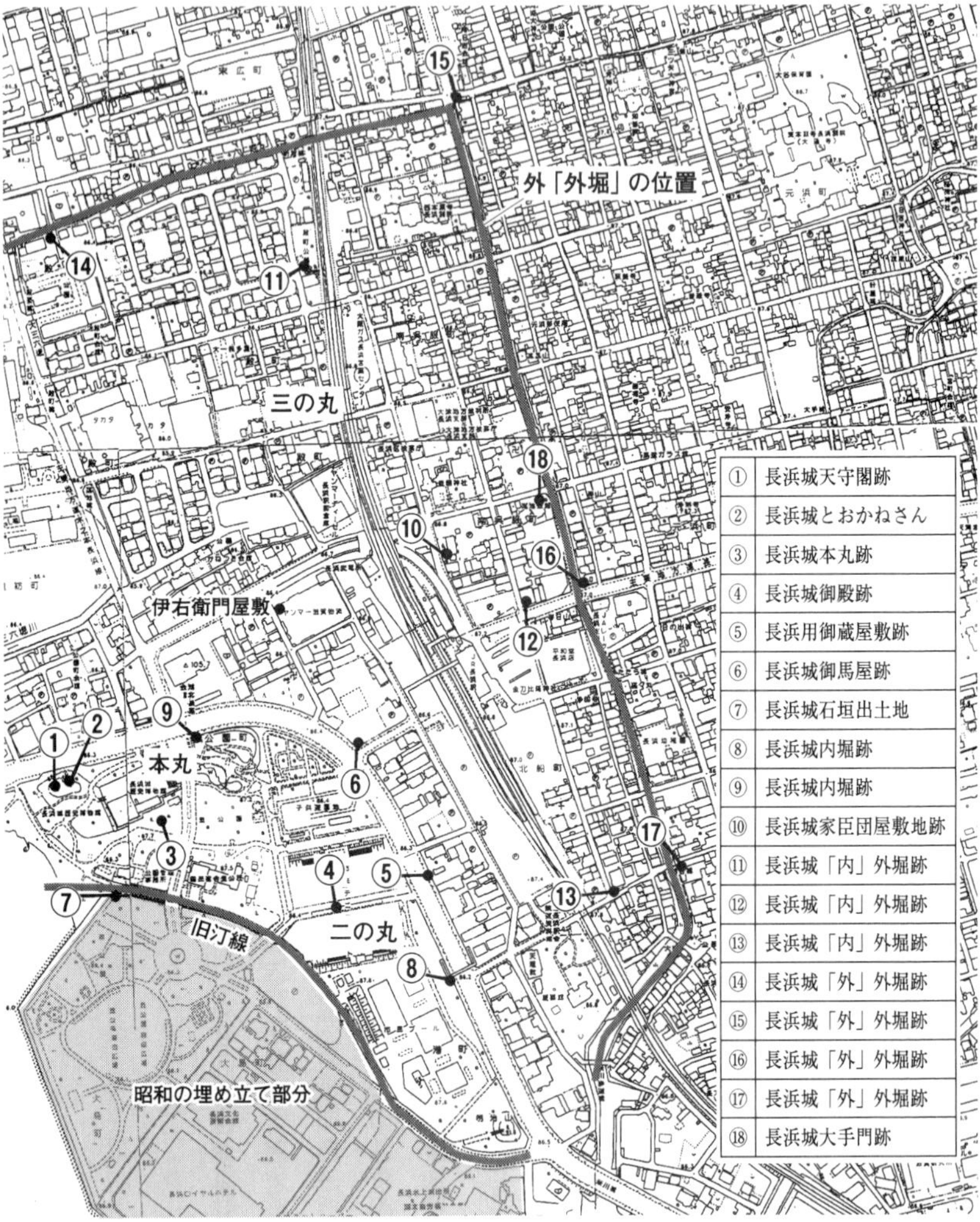

長浜城遺構図（①～⑱は石碑建立場所）

工職人が多く集住したことによる地名である。城内にあった槍や鉄砲などの武器生産場所と推定される。

大手門は長浜駅の東北、二重の外堀の間にあった。現在、通常は駐車場として活用されている長浜八幡宮「お旅所」の南側である。元禄九年(一六九六)の長浜町絵図によれば、この付近で外堀の幅は十五間(約二十七メートル)あったという。外側の外堀の東に城下町が広がり、大手門からは長浜八幡宮につながる大手通りが伸びていた。

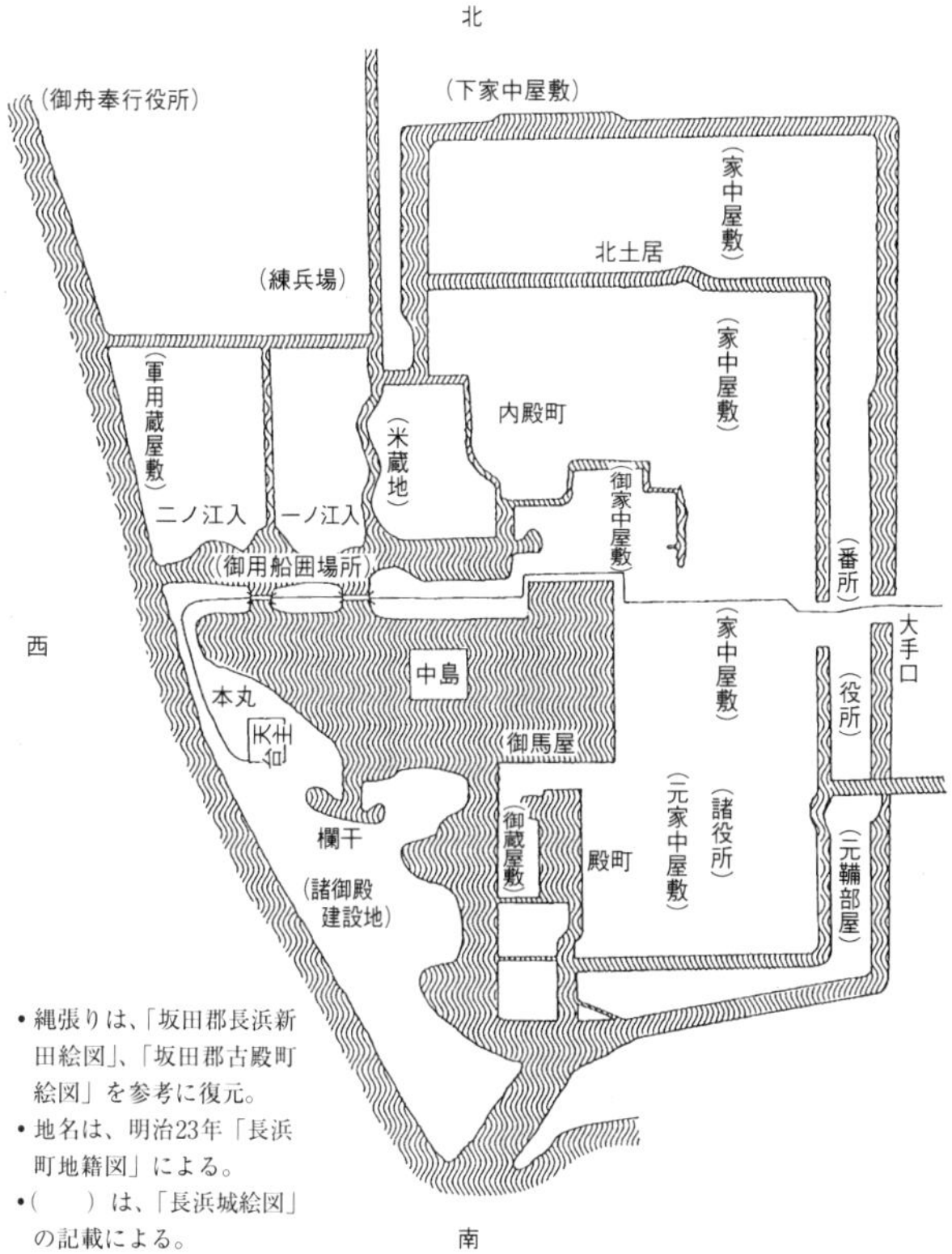

• 縄張りは、「坂田郡長浜新田絵図」、「坂田郡古殿町絵図」を参考に復元。
• 地名は、明治23年「長浜町地籍図」による。
• (　　) は、「長浜城絵図」の記載による。

長浜城推定復元図
(滋賀県教育委員会『滋賀県中世城郭分布調査』6より)

以上、本丸から外堀

長浜城大手門跡

に至るまで、長浜城の縄張について紹介し、その推定図も掲載したが、これらは発掘調査や現状の観察、それに江戸時代の絵図などから判明する姿である。したがって、先に記述したとおり、元和元年廃城時の状況を示しており、必ずしも秀吉の長浜城の縄張を示していない。秀吉の長浜城の本格的な解明は、発掘調査の進展と、その成果の的確な分析を待つしか方法はない。

三　長浜城での秀吉

長浜城での日常と安土城普請　長浜城でいかに秀吉が生活していたかについては、史料が少なく不明部分が多い。長浜城主となったと言っても、未だ安定的な信長領国とならない越前国や伊勢長島への出陣、長篠合戦への参陣、紀伊国雑賀への出兵などが重なり、長浜には不在の日々が続いたものと考えられる。天正五年（一五七七）以降は、信長の命による中国攻めに忙殺されることになる。

その中で、長浜城での秀吉の動向が追えるのは、次の二つの出来事である。天正八年（一五八〇）二月十九日、一月十七日の三木城落城を祝う意味であろう、長浜城で茶会を催したことが「宗及他会記」に見えている。また、翌年四月十日には、信長を長浜城に迎えていることが、『信長公記』に見えている。この時、信長は小姓五・六人を連れて竹生島詣《もうで》のため、長浜までは馬で移動し、そこから船に乗り換えて五里の湖上の道をたどった。おそらく、長浜城で接待があった後、城内の湊から船を出したのであろう。一日で往復三十里の道程を、馬と船で乗り切った。安土城の侍女たちは、信長は必ず宿泊して帰ってくるはずと思い、桑実寺へ薬師参りに行っていたが、安土に帰り侍女たちが不在なのを知った信長は、彼女らとそれを匿《かくま》った桑実寺の長老を処罰したと記されている。

また、天正四年（一五七六）からは安土普請に関わっていたことが、七月七日付けの秀吉書状（愛媛大学蔵文書）によって知られる。急な用事があり杉や松を材木として調達することを、近江国蒲生《がもう》郡の地侍・小倉右近大夫に宛てて依頼した文書である。秀吉が「筑前守」を名乗っていることから、天正三年（一五七五）八月九日以降の文書となり、杉や松を使用する普請を行なって

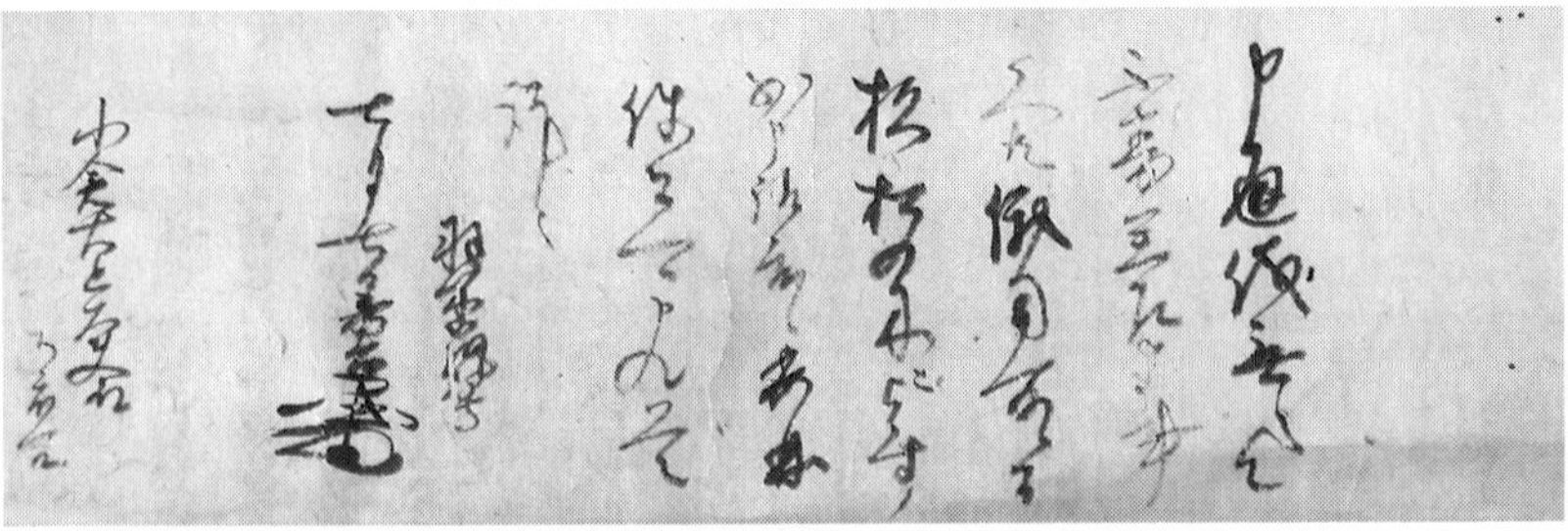

羽柴秀吉書状　愛媛大学法文学部蔵

いたと推察され、時期から判断すると天正四年から始まった安土城普請に関する文書と考えられる。安土城が所在する蒲生郡の地侍に調達を依頼していることからも、並行して行なわれていた長浜城普請関連の文書ではなく、安土城普請に関する文書で、天正四年か天正五年の史料と考えられる。

天正五年（一五七七）六月五日の羽柴秀吉書状（１３８）は、安土城の天守の普請手伝として、二百二十一人の人夫を家臣十四人に割り当てたものである。三班に分けて毎日従事するように命じている。桑山重晴、浅野長政、杉原家次など、初期からの秀吉家臣の名が見えるが、詳細は後述することにする（第三章）。もともと、『信長公記』によって秀吉が安土城普請に関わっていたことは知られており、四月一日項には類《たぐい》まれなる蛇石を、一万人の人夫を投入し、三日かけて天守台の所まで運び上げている。秀吉の他に、瀧川一益・丹羽長秀が助力している。七月一日項には安土城用の大軸の絵を用意したという記事が見えている。したがって、今紹介した二通の文書は安土城普請への秀吉参加を補強したものである。

竹生島奉加帳に見る長浜城　竹生島奉加帳は、その堂舎復興のため、長浜城主秀吉やその家族・家臣たちが寄進した金品を記録した奉加帳である。永禄元年（一五五八）に全山罹災《りさい》した復興の過程で、天正元年（一五七三）から新たな領主となった秀吉が中心となって行なった寄進である。料紙は楮紙《こうぞがみ》に界線《かいせん》を施したものを使い、十五折の折本の形をとっている。一折片面を上下二段八分割とするが、一折目左面は界線を引かず、秀吉による百石の寄進を大書する。奉加者は総計百三十一人にも及ぶが、寄進された金品は米銭の他、秀吉の「斗張《とちょう》」や、薄田《すすきだ》古継の「天女前机」などが目につく。年は前後して、天正四年（一五七六）から同十六年（一五八八）にわたっているが、天正六年までの記述が大半を占めている。「毎年」と注記したものがあり、継続的な奉加も行なわれていたものと見られる。

長浜城主時代の秀吉の家族と家臣を知るための基本史料と言える。家臣については後述するとして。冒頭の数人は秀吉の家族で、下段は侍女たちが名を連ねる。秀吉家族として登場するのは、「大方殿」・「御内」・「石松丸」・「南殿」である。それに続く、「杉原弥七郎家次」は秀吉室の「ねね」の叔父、「浅野弥兵衛（長政）」は「おね」と義兄弟に当たり、家族と同様に扱われていたと考えられる。「大方殿」は大政所「なか」、「御内」は北政所「ねね」に当たる。問題は「南殿」で、通常秀吉の側室と言われるが、その記述位置から言って妥当だろう。さらに、

「御ちの人」と書かれた「石松丸」であるが、通常は「南殿」が生んだ秀吉の実子と紹介されることが多い。その記述位置や「御ちの人」とあることから、秀吉の子と判断するのは妥当かもしれないが、やはり養子と考えるべきだし、「南殿」を母とするのも早計に過ぎよう。「石松丸」については、第十章で詳述する。

ここでは、長浜城主の秀吉が、長浜在城の際は、母「なか」や正室「ねね」ら妻女、それに親類をまわりにおき生活していたことを確認しておこう。

第三章　長浜城主時代の秀吉家臣団

一　石高制による知行体系の確立

秀吉の知行体系　ここでは、天正元年（一五七三）の小谷落城後、信長より北近江の地を与えられてから、同十年（一五八二）本能寺の変までの間、すなわち長浜城主時代の秀吉が、いかなる状況の中で、知行宛行《あてがい》（家臣へ土地を与えること）を行なっていたかを考えてみたい。

その際、視点として問題となるのは、次の二点である。第一に、この時期の秀吉はあくまで、信長の一部将であり、独立した大名ではない。だから、信長の家臣への知行権と、秀吉のそれがどう関わりあるかという問題がある。第二に、知行される土地の内容についてである。信長に代わり、畿内近国の主導権を握り、やがては天下統一、朝鮮への出兵と進む秀吉は、石高制《こくだかせい》に基づく知行体系を生み出していった。その兆しが、長浜時代から確認できるかである。

石高制とは、土地の大きさを検地によって正確に把握し村高や郡高を決めるもので、生産高をもってそれを表示した。いわゆる太閤検地によるものである。このことによって、以前は土地の広狭・生産高について、漠然とした数字しかもっていなかった領主階級は、きわめて合理的な根拠に基づいて、知行宛行（給与）を行なえるようになったのである。さらに、この知行の多寡《たか》によって、軍役の量が決まるというように、日本の封建制の進化の上では近世の幕開けを告げる画期的な制度であった。ここでは、信長の家臣時代の秀吉が、後代につながる石高制を採用した事実を確認することになろう。

北近江での知行宛行　秀吉は長浜城がある北近江を統治すると同時に、天正五年（一五七七）十月以降、毛利攻めの総指揮官を命じられることになる。したがって、天正五年以降は中国地方での知行宛行が行なわれるようになるが、これは後で別に考えることにする。まず、北近江の宛行であるが、天正元年（一五七三）に浅井氏を倒した後、秀吉は「江北《ごうほく》浅井跡一職進退《いっしきしんたい》」を信長から命じられたと『信長公記』にある。この「一職」とは、信長がその支配領域の拡大にともなって、一定地域の支配を委ねた家臣へ与えた権限である。一職支配をおこなう武将は、信長が主君として上にいたものの、領内における軍事統率権、知行宛行権などを委ねられていたとされる。したがって支配地域内の武士は、直臣はもちろん、信長から配属された与力に至るまで、一職支配に従って戦闘に参加した。

長浜城主秀吉による知行宛行一覧（北近江関連のみ）

No.	番号	年月日	文書形式	差出部分署名	宛名	内容	出典
1	35	元亀元年（1570）11月25日	書状	木下藤吉郎秀吉（花押）	久徳左近兵衛尉	本領安堵	神田孝平氏蔵文書
2	811	年欠 3月17日	書状	木下藤吉郎秀吉（花押）	佐野市次郎	恩賞約束	河毛文書
3	73	天正元年（1573）12月吉日	判物	羽柴藤吉郎秀吉（花押）	浅野弥兵衛尉（長吉）	200石扶持	浅野文書
4	75	天正元年（1573）12月吉日	判物写	羽柴藤吉郎秀吉書判	春木衆一	2万石（ママ）扶持	古案
5	76	天正元年（1573）12月吉日	判物写	羽柴藤吉郎秀吉判	樋口源四郎（武幸）	100石扶持	蜂須賀家家臣「成立記」
6	77	天正元年（1573）12月吉日	判物	羽柴藤吉郎秀吉（花押）	真野左近（助宗）	200石扶持	長府毛利家蔵文書
7	91	天正２年（1574）８月１日	判物	羽柴藤吉郎秀吉（花押）	上部大夫（貞永）	国友内海老名藤三郎分100石寄進	可睡斎文書
8	96	天正２年（1574）８月吉日	判物	藤吉郎秀吉（花押）	国友藤二郎	国友内100石扶持、鉄砲不如才	国友助太夫家文書
9	98	天正２年（1574）９月11日	書状	羽柴藤吉郎秀吉（花押）	浅野弥兵衛尉（長吉）	伊香郡持寺郷120石扶持	浅野文書
10	100	天正２年（1574）９月11日	書状写	羽柴藤吉郎秀吉判	樋口源四郎（武幸）	伊香郡柏原100石扶持	蜂須賀家家臣「成立記」
11	101	天正２年（1574）10月７日	書状	羽柴藤吉郎秀吉（花押）	加納広之介	当郷内60石扶持	沢文書
12	104	天正２年（1574）10月29日	書状	藤吉郎秀吉（花押）	藤二郎	国友河原方代官職任命	国友助太夫家文書
13	114	天正３年（1575）７月26日	判物	羽柴筑前守秀吉（花押）	宮田喜八郎（光次）	西草野内400石扶持	長浜城歴史博物館蔵文書
14	119	天正３年（1575）10月７日	判物	羽柴筑前守秀吉（花押）	佐治覚内	大音才介分15石扶持	佐治家文書
15	156	天正６年（1578）１月２日	書状写	筑前守秀吉書判	生駒甚介（親正）	江州北郡山田郷内260石扶持	生駒家宝簡集
16	186	天正７年（1579）１月11日	書状	羽柴藤吉郎秀吉（花押）	浅野弥兵衛（長吉）	福永内300石扶持	浅野文書
17	188	天正７年（1579）２月３日	書状	羽柴藤吉郎秀吉（花押）	上部大夫（貞永）	大神宮100石寄進	可睡斎文書
18	252	天正８年（1580）７月12日	判物	藤吉郎秀吉（花押）	野瀬太郎左衛門尉	野瀬郷50石扶持	長浜城歴史博物館蔵文書
19	311	天正９年（1581）４月22日	書状	藤吉郎秀吉（花押）	野村弥八郎	野村郷150石扶持	鈴木康隆氏蔵文書
20	437	天正10年（1582）６月19日	判物	筑前守（花押）	広瀬兵庫	為忠恩500石扶持	広瀬文書

註１）番号欄は、名古屋市博物館『豊臣秀吉文書集』Ⅰの文書番号。
註２）19と20は羽柴於次秀勝との連署状。

しかし、秀吉の湖北一職支配については、谷口克広氏によって、次のような疑問が提示されている。天正期の北近江での知行宛行をみると、信長自身やその家臣による奉書形式のものがみられ、逆に秀吉のものは百石・十五石といった些少《さしょう》なものに限られている。したがって、秀吉の一職支配は、きわめて限定されたものであったというのである。天正元年（一五七三）から同十年（一五八二）に至る北近江での知行宛行は、前ページの表のように№1を除き十九件である。ここから、結論めいたことを引き出すのはきわめて難しいが、百石を超えるものも多く見られ、谷口氏の指摘は必ずしも成立しない。

秀吉の一職支配は存在した　天正元年（一五七三）の浅野長吉宛のものを皮切りに、秀吉自身の宛行状は、天正元年は四件、天正二年は六点、天正三年は二点、天正六年は一点、天正七年は二点、天正八年・九年・十年が一点ずつ、年未詳が一点と計十九件となる。この時期、信長やその家臣からの宛行状は、天正三年に三通あるのみである。谷口氏も言うように、この一職支配は、初め臨戦体制の暫定的《ざんてい》なものから始められ、徐々にその武将に権限が与えられると考えられる。だから、天正三年以降に信長の宛行がなくなり、秀吉の宛行のみとなるのは、秀吉の湖北における一職支配の進展として理解できると私は考えていた。

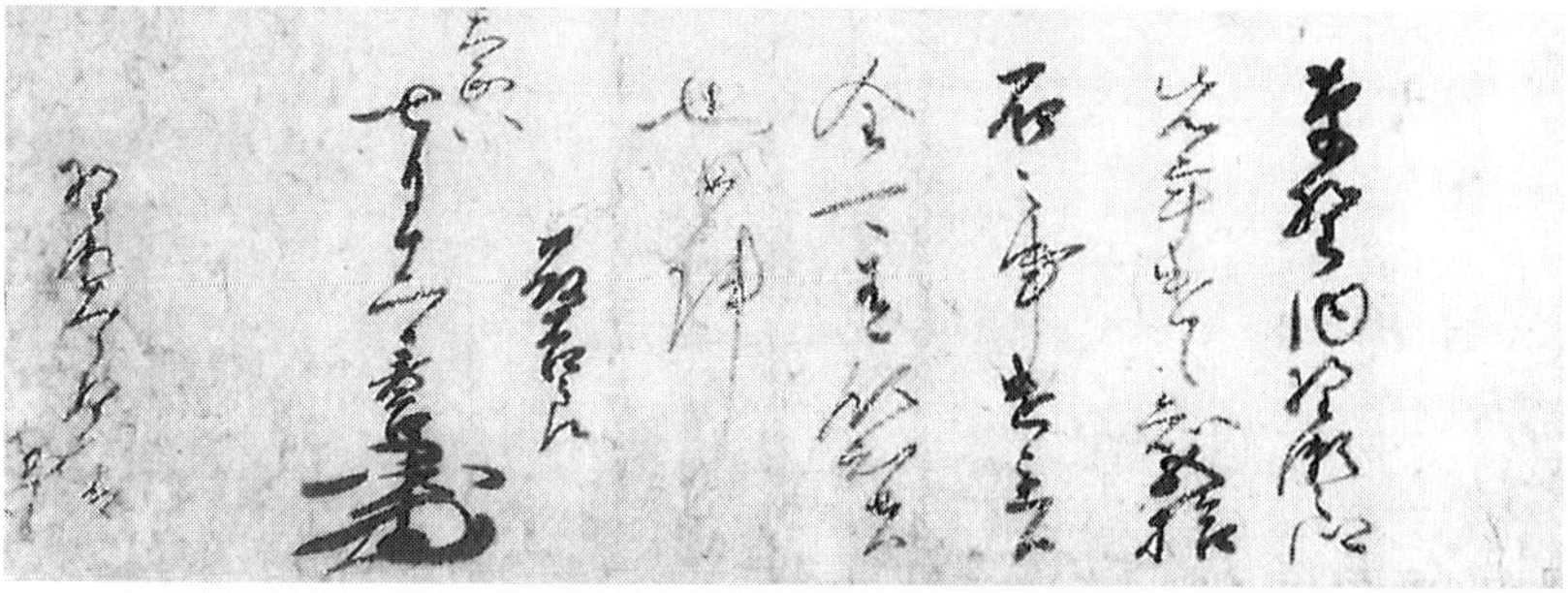

羽柴秀吉判物　野瀬太郎左衛門尉宛　長浜市長浜城歴史博物館蔵

ところが、最近になって柴裕之氏の研究により、信長の宛行については別の解釈が可能となった。秀吉が長浜城主であった時代に、信長が直接その家臣へ知行宛行を行なった事例をあげると、朝妻村（米原市朝妻筑摩）の木村藤兵衛、長沢村（米原市長沢）の田那部与左衛門尉、柏原村（米原市柏原）の箕浦次郎右衛門と、いずれも坂田郡南部の地侍であることが判明する。柴氏は坂田郡南部については信長直轄領であり、秀吉領に含まれなかった可能性が高いと指摘する。第五章で詳述するように、坂田郡南部は秀吉の所領外と考えれば、秀吉は信長から与えられた湖北の大半の土地については、当初から知行宛行権を有していたと考えるべきなのだろう。つまり、秀吉の一職支配は天正元年の湖北拝領時から存在したと考えるべきなのである。

石高制の画期性　この表の中で、近江出身の者とは異なり、浅野長吉（長政）は秀吉と同じ尾張出身でその初期からの家臣であるが、すでに天正元年（一五七三）十二月の秀吉判物（浅野文書、74）で、領地は特定されていないものの、百二十石の地を与えられている。続いて、翌年の天正二年（一五七四）九月十一日の書状（浅野文書、98）で、改めて百二十石の地を伊香郡持寺村《もってら》（長浜市高月町持寺）で与えられている。このように尾張出身の家臣には、比較的早い段階から秀吉自身により知行宛行が行なわれたのではないかと推定できる。

次に問題になるのは、知行の内容である。表をみて明らかなように、すべて石高表示をとっている。三鬼清一郎氏は、石高表示について、高い生産水準を保ち惣を形成するこの地域の百姓へ、秀吉がその対抗措置のための「戦術」としてあみ出したものと記している。三鬼氏ははっきり述べていないが、「戦術」との表現から、この石高表示が検地を背景としないと考えておられるようである。

しかし、秀吉は長浜城主時代、北近江において「指出《さしだし》」（申告形式の検地）の形で、検地を行なった形跡があり、信長の政策を見ても、領国を拡大するにともなって指出検地を実施している。北近江でも天正の早い時期に指出検地が行なわれたのであろう。それに、この時期、寺社に与えられた寺領安堵の石高も竹生島や長浜八幡宮のように、江戸時代の朱印高とほぼ一致しており、それは一定の根拠のもとになされたことが推定されるのである。したがって、当時の北近江での知行の内容は、後の検地を背景とする石高制そのままとは言えないが、その原初的形態を持っていたと考えることができよう。

中国地方での知行宛行

次に秀吉が侵攻した、中国地方における知行宛行をみておこう。天正五年（一五七七）十月、秀吉は京都をたち播磨国姫路城へ向かい、本格的な中国経略に入る。秀吉の中国侵攻は、別所氏や荒木氏の反乱にあい難航するが、天正八年（一五八〇）一月には、三木城（兵庫県三木市）の別所氏を落とし、さらに同五月には長水山《ちょうずいさん》城（兵庫県宍粟《しそう》市）の宇野氏を滅亡させたことで、ほぼ播磨一国の平定を終えた。そこで、同年九月頃、播磨一国の検地を行なっている。当時の検地帳が残っていないので、その性格を云々することはできないが、同時期の信長検地を参考にすれば、やはり指出形式のものであったろう。この検地を背景にして、秀吉は九月中に黒田孝高《よしたか》（官兵衛）や片桐貞隆らに対して領地を宛行《あてが》っており、それらは北近江の場合と同様、領地の多寡を石高で示して

三木城跡

いた。

すでに、天正六年（一五七八）三月十五日には、播磨国の武将中島隆重らの本領を安堵する判物（亀山家文書、163）を出し、さらに同八年（一五八〇）から播磨国内の寺社へ安堵状を出している事実がある。秀吉は少なくとも播磨国内が平定され、姫路城が本城として定められる天正八年（一五八〇）までには、播磨一国の一職支配権を与付されていたと考えられよう。そして、与える領地の内容は、北近江と同様に検地に基づき、石高制によるものとなっていく。この点は、柴裕之氏によっても、秀吉の播磨支配が、検地に基づく「排他的自立性」に基づき行なわれていたことが確認されている。

以上、長浜城主時代の秀吉の家臣への領地宛行について述べて来たが、信長が「本能寺の変」で倒れるまでに、秀吉は北近江及び播磨の一職支配権を与えられ、それぞれの国で指出検地を命じ、それに基づいた石高制による知行体系の確立を目指していたと結論できる。秀吉が関白・太閤になって押し進める石高制による社会システムの構築は、確実に長浜城主時代から始まっていたのである。

二　長浜城主時代の秀吉家臣

古文書から知られる秀吉家臣　長浜城時代の秀吉家臣は、中国攻めを行なうなかで従った黒田孝高など播磨衆や、中川清秀などの摂津衆などを入れれば膨大な数に及ぶ。したがって、それらすべてをここで触れるわけにはいかないが、特に長浜領の統治に関わっていたことが確実な家臣を列挙しておこう。同時代の秀吉家臣を知る確実な史料は、やはり先に紹介した「竹生島奉加帳」(以下、「奉加」と略す、竹生島文書、133)であろう。さらに、安土城天守普請を、秀吉が家臣十四人に割り振った天正五年(一五七七)六月五日付けの秀吉書状(以下、「書状」と略す、138)も参考になる。

この二つの文書に共通して登場する人物を、「奉加」が記す順に取り上げ解説してみよう。また、彼らと関連する秀吉家臣についても触れることにする。

①**杉原家次**　「奉加」では「杉原弥七郎家次(花押)」とあり、「書状」では「弥七郎」と見えている。秀吉の正室「ねね」の伯父に当たり、秀吉の一族として重きをなしていたと考えられる。天正三年(一五七五)三月十三日には、長浜八幡宮へ対して掟書(長浜八幡宮文書)を出してお

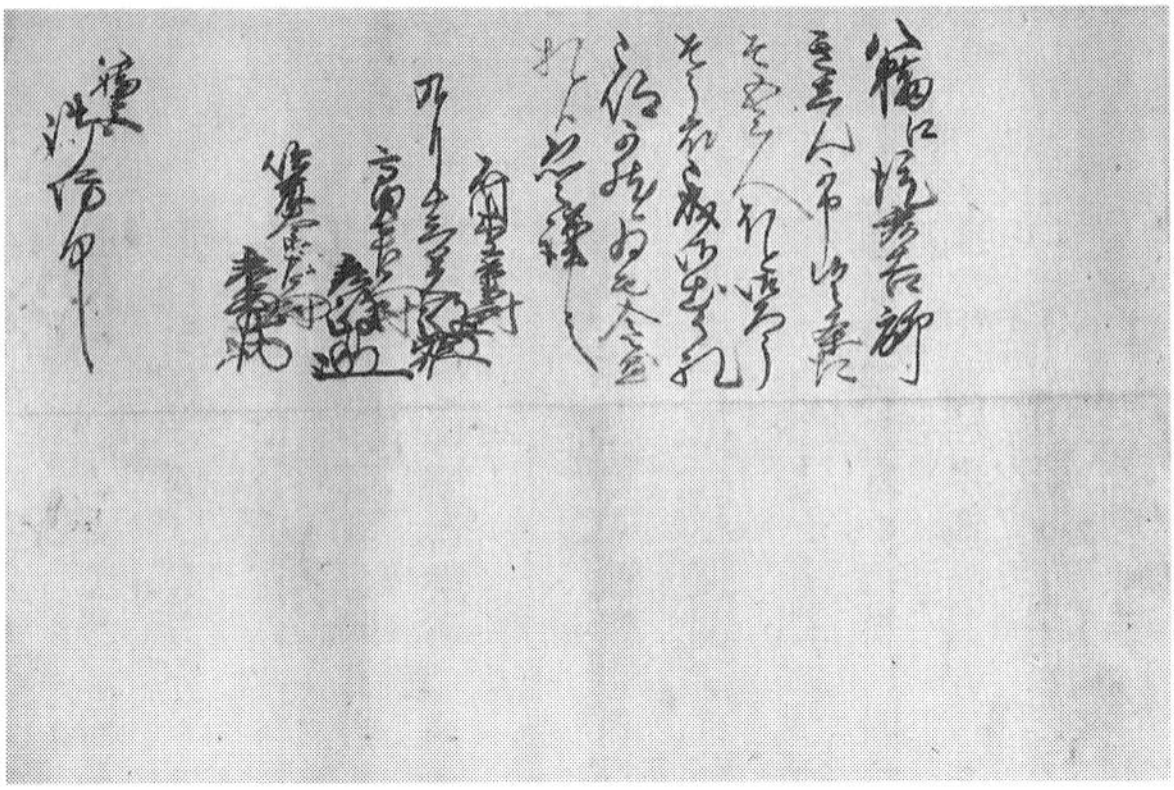

石川光政・高田秀政・伊藤秀安連署書状　長浜八幡宮蔵

り、初期の長浜領支配においては中核を担っていたと推定される。

②浅野長吉（長政）　「奉加」では「浅野弥兵衛（花押）」とあり、「書状」では「あさの弥ひゃうへ」とある。言うまでもなく、秀吉の正室「ねね」の義兄弟で、五奉行の一人となる浅野長吉（後の長政）である。秀吉の一族として、早い段階からその側近として活躍していたことが読み取れる。

浅野長吉については、秀吉家臣の中では唯一、系統的に宛行状が残っている。秀吉が長浜領を統治した直後、天正元年（一五七三）十二月には場所を特定せず百二十石の領地を与えられ、その具体的な領地が、翌年九月十一日の書状で伊香郡持寺村（長浜市高月町持寺）の地であることが記される。さらに、天正七年（一五七九）正月十一日には、福永庄（現在の長浜市新庄中町付近）で三百石の加増を受けている。天正九年（一五八一）三月十八日には、播磨国内で五千六百石を与えられている。この頃になると、北近江の秀吉領国には新規に家臣に与える土地がなくなり、新たに領国とした播磨国が、新知や加増の地となったことが知られる。

③伊藤秀安　「奉加」に「伊藤太郎左衛門尉（花押）」とあり、「書状」では「い藤太郎左衛門」とある。年欠九月十三日付「石川光政・高田秀政・伊藤秀安連署書状」（長浜八幡宮文書）には、「伊藤太郎左衛門尉秀安（花押）」とあり、秀吉が寄進したことの謝礼に対する返礼が述べられている。後に「加賀守」に叙任し、河内国石河郡の代官をつとめ、関ヶ原合戦では西軍に与《くみ》し伏見城攻撃戦に加わったと言う。一般的には、実名は秀盛であったとされる。

④高田長左衛門尉　上記の長浜八幡宮文書に関連して、伊藤との連署者である高田長左衛門尉について触れておこう。天正四年（一五七六）十一月二十九日付けの小谷寺への秀吉寺領安堵状（小谷寺文書、132）の宛名は、一柳菅左衛門と高田長左衛門尉であるが、寛政五年（一七九三）にまとめられた、浅井郡尊勝寺村（長浜市尊勝寺町）の地誌『平埜荘郷記《ひらののしょうごうき》』によれば、秀吉の長浜城主時代の天正三年（一五七五）から翌年に、尊勝寺村の代官だったのは高田長左衛門尉であったと記す。

前項で示した年欠九月十三日付「石川光政・高田秀政・伊藤秀安連署書状」（長浜八幡宮文書）では、「高田長左衛門尉秀政（花押）」と署名するので、実名が「秀政」であったことが知られる。

天正十年(一五九二)六月二十五日付けの秀吉書状(古今消息集、442)では、山崎合戦以後に尾張・美濃へ赴き、明智方の処罰を行なう旨を知らされ、近く長浜へ打ち入ることを報じられている。この書状から、高田秀政は秀吉の中国攻めの最中における、長浜城の留守居であったと考えられ、城主不在の中での長浜領支配の中核を担った人物と推定される。ただし、天正七年(一五七九)の播磨三木城攻めには参加している(『戦国人名辞典』)。

⑤**桑山重晴**　「奉加帳」に「桑修理(花押)」または「桑修理進(花押)」として登場する。「書状」では「くわしゅり」とある。「奉加」では「桑御内かた」の奉加も見えており、内室も奉加に加わるなど、長浜城内では大きな力をもっていたことが予想される。後に、秀長の家臣となり、但馬国竹田城主や、和歌山城代などを歴任している(『戦国人名事典』)。

⑥**立木直治**　「奉加」では「立木伝助直治(花押)」とあり、「書状」では「たけてん助」とあるが、これ以上の詳細は不明な人物である

⑦**矢野重謙**　「奉加」に「矢野兵部丞」とあり、「書状」には「やひゃう」とある。四月九日付けの「古田良直・矢野重謙・卜信斎信貞連署書状」(上坂家文書)は、秀吉の意向を受けて、浅井氏家臣だった上坂家の本領安堵を言い渡した文書だが、「矢野兵部丞重謙(花押)」と署名している。本書の連署者三人は、四月八日付けの「平野家久書状」(上坂家文書)では、「長浜御

奉行御両三人」と呼ばれている。すなわち、秀吉の留守を預かる「長浜奉行」であったことが分かる。

⑧古田良直・卜信斎　関連してこの「長浜奉行」の残り二人について触れれば、古田良直は「書状」に「ふるひぜん」と見える。卜信斎信貞も、「奉加」に「卜信斎(花押)」と署名し、「称名寺文書」中に「本能寺の変」に際して、秀吉に代わってその妻女の逃亡先導を謝した文書が残っている。多くの秀吉家臣が播磨出兵していながら、長浜城の留守居をしていた武将の一人であったことが判明する。

⑨石川光政　「奉加」では「石川木工兵衛」とあり、「書状」では「いしもくひゃうへ」とある。年欠九月十三日付「石川光政・高田秀政・伊藤秀安連署書状」(長浜八幡宮蔵)には、「石川杢兵衛光政(花押)」とあり、その実名が分かる。石川は美濃国鏡島城(岐阜県岐阜市)の城主であった(『戦国人名事典』)。

『武家事記』に見える「黄母衣衆」　その他、後世の編纂物ではあるが、『武家事記』巻十四に見える「秀吉江州長浜領の時、黄母衣《きほろ》」として名前があがる七人は、秀吉の長浜城主時代の家臣であった可能性がある。その七人とは、尾藤甚右衛門知宣、大塩金右衛門尉正貞、一柳《ひとつやなぎ》市

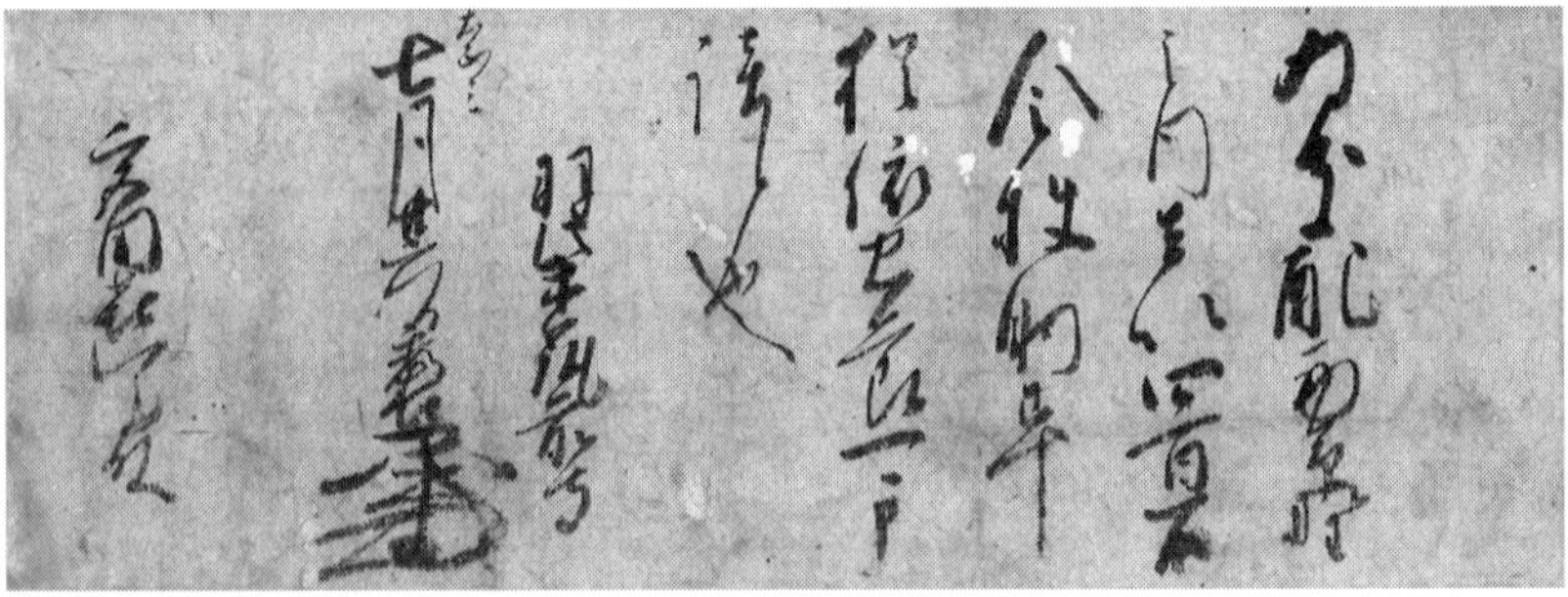

羽柴秀吉判状　宮田光次宛　長浜市長浜城歴史博物館蔵

助直末、神子田《みこだ》半左衛門尉正治・中西弥五作守之、一柳弥三右衛門、小野木清次郎重次である。この内、「奉加」には尾藤知甚が「尾藤甚右衛門尉（花押）」、神子田正治が「神子田半左衛門尉（花押）」と見えるのみである。

⑩一柳直末と勘左衛門　一柳家は二人の人物が「黄母衣衆」には見え、秀吉の古参の家臣だったことを類推させる。ここでは一柳姓の家臣を紹介する。一柳直末は後に豊臣秀次家臣として美濃大垣城主となり、天正十八年（一五九〇）に行なわれた小田原城攻めの前哨戦《ぜんしょうせん》である伊豆国山中城攻めで戦死している。

天正四年（一五七六）十一月二十九日付けの浅井郡小谷寺（長浜市湖北町伊部）についての秀吉寺領安堵状は、前述のように一柳菅左衛門と高田長左衛門に宛てられている。菅左衛門は、勘左衛門とも記したことが、伊香郡古橋村（長浜市木之本町古橋）の又介に宛てて、年貢免除を伝えた一柳勘左衛門尉直次の書状から知られる（古橋村高橋家文書）。これらから、菅（勘）左衛門は一柳一族として、秀吉の長浜領の代官をつとめていたと推察される。「奉加」にも「一柳勘左衛門直次（花押）」と署名しており、その実名は「直次」であった。

⑪神子田正治・宮田光次　「黄母衣衆」に関連して触れると、『続武家閑談』に、神子田半左衛門正治、宮田喜八郎光次、戸田三郎四郎勝隆、尾藤甚右衛門知宣が秀吉草創期から武功顕著であったと記す。この内、神子田と尾藤が「奉加」に見えることは既述したが、残り二人も「宮田喜八郎光次（花押）」・「戸田三郎四郎」と署名している。『続武家閑題』に載る四人は、すべて「奉加」に記されており、秀吉の当初からの家臣で、長浜城主時代も家臣だった者を、正確に記述していることが知られる。なお、宮田光次は天正三年（一五七五）七月二十六日付けの秀吉判物（長浜城歴史博物館蔵、114）で、浅井郡西草野の内で四百石の領地を与えられている。

しかし、神子田正治が天正十二年（一五八四）の小牧合戦において改易、宮田光次が天正七年（一五七九）の三木城合戦において討死、尾藤知宣が天正十五年（一五八七）の九州攻めにおいて改易となったので、秀吉晩年まで仕えたのは一人・戸田勝隆（文禄三年〈一五九四〉没）のみであった。秀吉家臣の浮沈がいかに激しかったかを物語っていよう。

無名な家臣たちの足跡　「奉加」に名前が上がる者で、後世有名な秀吉家臣となる人物を上記以外で列挙すると、宮部善浄継潤、竹中半兵衛、山内伊右衛門尉一豊、戸田半右衛門勝成・速水勝太守久・木村隼人・小堀新介正次（遠州の父）となろう。この他、「奉加」には、次の無名な秀吉家臣の名があがる。

杉原小六郎・伊藤与七・山羽又蔵・中村次郎左衛門尉・薄田伝兵衛古継・羽太越前守家慶・梅田清衛門尉・伊藤掃部・山崎四郎右衛門・戸田半左衛門・たさき・香水吉左近・佐藤主計助直清・尾藤二郎三郎・佐藤二郎右衛門尉・今井日向・木下将監昌利

また、「書状」には伊藤七蔵長久、平野右京進長治（賤ヶ岳七本槍の長泰の父）、小出甚左衛門秀政（秀吉の母方の叔父）の名前も見えるが、いずれも秀吉の初期の家臣である。

後に大名となる秀吉家臣は、秀吉を尾張・美濃・近江時代から支えて来た家臣のほんの一部であることが分かる。天下人となる秀吉の背景には、長浜時代から秀吉に仕え、その後に討死したり粛清された家臣が多くいたことを、この「奉加」や「書状」の記述から知るべきであろう。最後に、一般的に言われている長浜城主時代の秀吉家臣団の構成を、森岡榮一氏の研究から一覧表に上げておこう。

長浜城主時代の秀吉家臣

一門衆	羽柴長秀（秀長）
	羽柴於次秀勝
	木下家定
	木下勝俊
	杉原家次
	杉原小六郎・御満丸
	浅野長吉（長政）
	木下将監昌利
	三好吉房
子飼衆	加藤清正
	福島正則
	加藤嘉明
与力衆	蜂須賀正勝
	竹中半兵衛重治
	宮部継潤
	田那部与左衛門尉
	黒田官兵衛孝高
	別所重宗
直参衆（尾張衆）	山内一豊
	前野長康
	桑山重晴
	堀尾吉晴
直参衆（美濃衆）	加藤光泰
	仙石秀久
	石河光政
	石河光重兄弟
	佐藤秀方
直参衆（近江衆）	石田正継・三成
	片桐且元・貞隆
	新庄直頼
	田中吉政
	（脇坂安治）
	（小堀正次）
黄母衣衆	（本文中にあるので省略）

＊森岡榮一「長浜在城時代の家臣団」『豊臣秀吉事典』（新人物往来社、1990年）
＊（　　）内は筆者が追記した。

竹生島

第四章　秀吉と国友鉄砲鍛冶

一　国友鉄砲鍛冶の創始

国友鉄砲生産の起源を探る　近江国坂田郡国友村は、現在の滋賀県長浜市国友町に当たる。長浜市の中心部から東北へ五キロほど行った、どちらかといえば田園風景の中にたたずむ集落である。この集落が、戦国時代終わりから江戸時代初めにかけて、多くの鍛冶職人を抱える、日本最大級の火縄銃生産地へと発展していく。その初期において、長浜城主羽柴秀吉の鉄砲鍛冶の保護政策が大きな力となったと考えられる。秀吉の領内職人保護の具体例として、国友鉄砲の創始・発展をたどってみよう。

この国友での鉄砲生産がいかに始められたかについては、意外とはっきりしたことは分かっていない。国友鉄砲の起源を語る文献は、二種類存在する。一つは、すでに国友での鉄砲生産が軌道に乗った寛永十年（一六三三）、鉄砲生産を統括する大嶋善兵衛・富永徳左衛門・中村兵四郎・脇坂助太夫ら四人の鍛冶年寄によってまとめられた『国友鉄砲記』（国友助太夫家文書）

国友鉄砲研究会による能当流砲術の演武
長浜市長浜城歴史博物館前庭で

である。そこには、種子島に鉄砲が伝来した翌年、天文十三年（一五四四）二月、将軍足利義晴が管領細川晴元を通じて、国友村の鍛冶善兵衛らに鉄砲製作を命じ、六ヶ月後に六匁玉（鉛弾径約十六ミリ）筒二挺《ちょう》を完成させ、将軍に献上したのが起源と記されている。

　もう一つは、概ね文化年間（一八〇四〜一八）の年号を持ち、国友の各鍛冶家に数種現存する『由緒書』である。ここには、同じく天文年中から国友で鉄砲製作が始められていたとし、弘治元年（一五五五）、将軍足利義輝や近江国守護六角義秀（承禎のことか）の執り成しによって、種子島から来た南蛮人長子孔より技術伝授を受け、国友での鉄砲生産の質が向上したとある。

　前者は年寄四家の、後者はその『由緒書』を所有する家の自己顕彰のため書かれた面があり、その記述内容は考証の余地がある史料である。特に、国友鉄砲鍛冶が湖北の戦国大名・浅井氏領国下である天文・弘治年間に、すでに山城一国の局地政権と化していた室町将軍家や、近江南部の戦国大名六角氏から命令を下されたり、人を遣わされたりすることはあり得ない。天文年間からの国友での鉄砲生産は、確証がないと言わざるを得ない。

浅井氏時代に生産された国友鉄砲　では、確実な史料では国友での鉄砲生産は、どこまでさかのぼれるのであろうか。国友鉄砲は、遠く離れた東北地方の文書に忽然《こつぜん》と現れる。出羽国北部（秋田県）の戦国大名・下国《しもぐに》家の子孫にあたる秋田湊家の相伝文書中に、越前朝倉氏の一族と見られる一源軒宗秀から下国愛季《ちかすえ》へ宛てた四月二十一日付けの書状が残っている（八戸湊文書）。そこには、朝倉氏から愛季への贈物として、脇指などと共に「鉄砲壱挺国友丸筒」が見えているのである。

この文書には、年号が入っていないが、登場人物の没年などから永禄年間（一五五八〜七〇）のものと考えられる。とすると、浅井氏の領国下であった時代に、すでに国友での鉄砲生産が始められていたことになる。さらに、この文書はさまざまな想像をかきたてる。越前朝倉氏は、周知のように近江浅井氏とは、信長との戦いをめぐって固い同盟関係にあった。したがって、この鉄砲は浅井家を介して、朝倉氏に渡されたものであろう。であるならば、浅井氏は国友での鉄砲生産を掌握していたことになる。

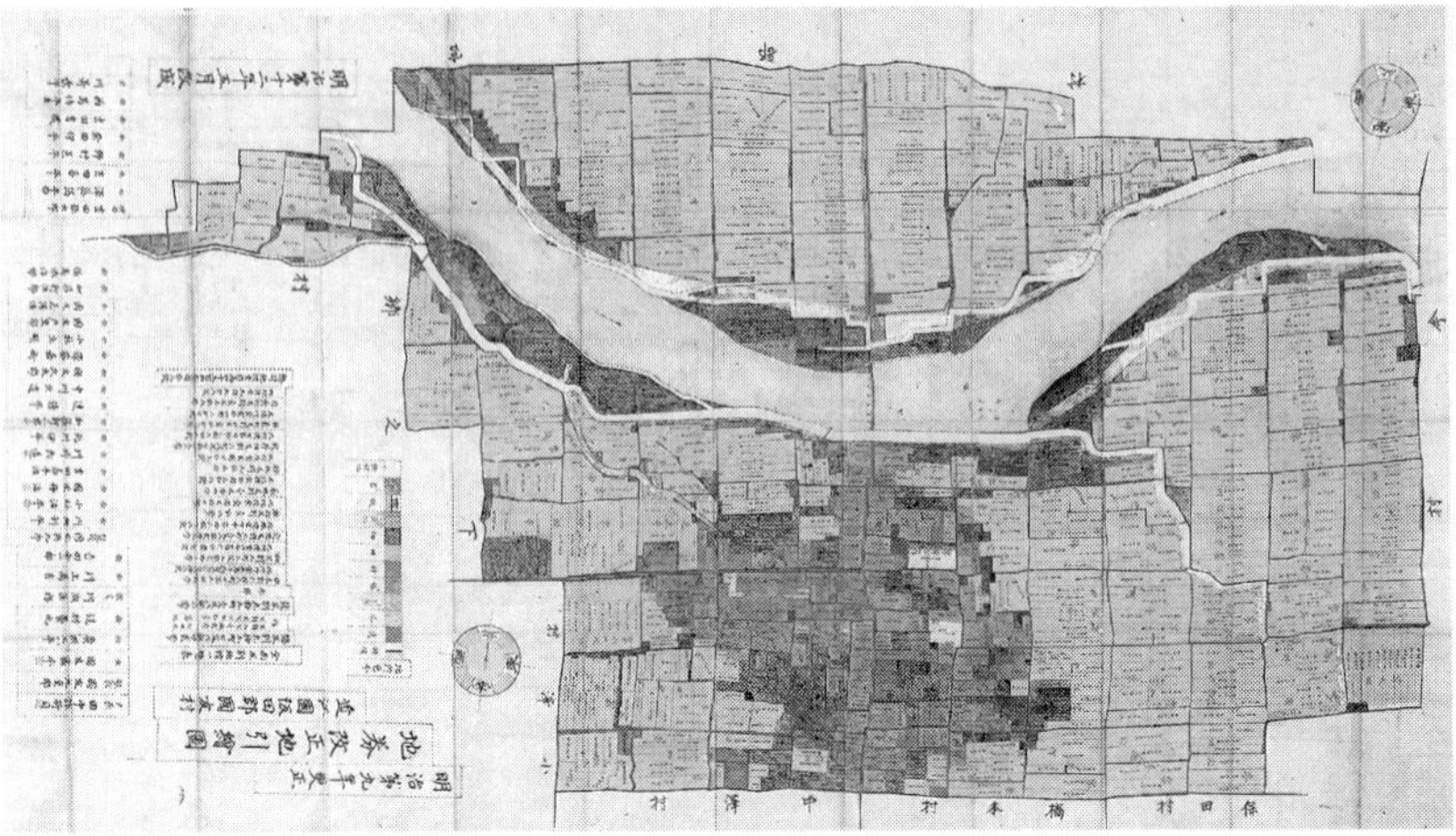

国友村地籍図　長浜市長浜城歴史博物館蔵

浅井氏が興した湊町　国友鉄砲が、すでに浅井氏領国時代に成立していたとしても、最大の疑問は、なぜ国友の地で鉄砲という最新兵器が造られるようになったか、ということであろう。国友と共にこの時代の鉄砲生産地として知られる堺が、貿易都市として新技術の導入が早かったことは容易に納得しうる。しかし、湖北の平凡な一農村にすぎない国友での新兵器量産は、一般的には理解できない。

この問題について、明確な解答を出せないが、私は国友が浅井氏の居城・小谷の城下町・湊町としての役割を果たしていたのではないかと思っている。国友の中心に、現在も「小谷道」と呼ばれる一本の旧道が通っているが、集落を北へ抜けると姉川を渡り、宮部継潤の出身地である浅井郡宮部（長浜市宮部）に到達する。この街道は、明治時代には「山西街道」と呼ばれ、戦国時代には北の小谷城下（長浜市湖北町伊部・小谷郡上《ぐじょう》町）と、坂田郡南部の中世都市・八日市場（米原市箕浦）を結ぶ北国街道であった。道が天野川を渡る地に八日市場が繁栄したように、姉川を渡る地に国友の町が成立したのではないだろうか。事実、明治の初めまでは国友を貫くこの街道の両脇には、七十一軒もの商店が建ち並び、浅井郡方面からの買い物客で賑っていたという。

姉川で船運が行なわれていたという言い伝えがまったくないのが気がかりではあるが、小谷へ出入りする物資は、わずか六キロほどしか離れていないこの国友で船から積み降ろされ運ばれたと考えるのは、そう突飛ではあるまい。戦国大名の城下町が、一極集中を遂げられず、二極に分散している事例が多いことは、すでに小島道裕氏によって明らかにされている。国友は、小谷の第二の城下町であり、かつ物資が行き交う湊であったと推定できるのである。国友が町であるとすれば、ここに鍛冶職人が集住するのは、誠に似つかわしい。そして、それを推進したのは、浅井氏をおいて他にないであろう。浅井氏は、織田信長と戦う以前から、自らの軍中に火縄銃を取り入れることを、積極的に進めていたと解釈できる。

しかし、この浅井氏は持てる鉄砲と鍛冶集団を、十分活用できないまま、天正元年（一五七三）、織田信長に攻められ滅亡する。

うか。

信長と国友鉄砲　信長は浅井氏滅亡の三年前に当たる姉川合戦の頃から、この湖北の地と関わっていた。では、織田信長とこの国友鉄砲の関係は、史料上で跡づけることが可能なのだろうか。

信長と国友と言えば、国友鉄砲鍛冶たちのもとに残された、信長からの弘治三年（一五五七）の「御定書」が普通引用される（鍛冶記録　国友文書）。この中に、信長の名において、急の鉄砲注文にも対応できるような万全の態勢を整えておくべきことなどが、箇条書きで示されているが、国友鉄砲鍛冶たちが自らの由緒を飾るために、さかのぼって作成した偽文書と判断できる。近世的な文章表現が見られ、様式も他の信長の文書にはないものである。そもそも、弘治年間（一五五五〜五八）は信長がようやく尾張一国を統一できた時代である。到底、統治権限が及ばない、浅井氏領国の近江の国友村に定書を出すことはできない。

また、先に紹介した『国友鉄砲記』にも、信長が天文十八年（一五四九）七月十八日に、鍛冶年寄四人へ六匁玉の鉄砲五百挺を注文したとあるが、これも信長が近江に命令を下す状況にない時期であり、四家の自己顕彰のために創作された話と考えられる。

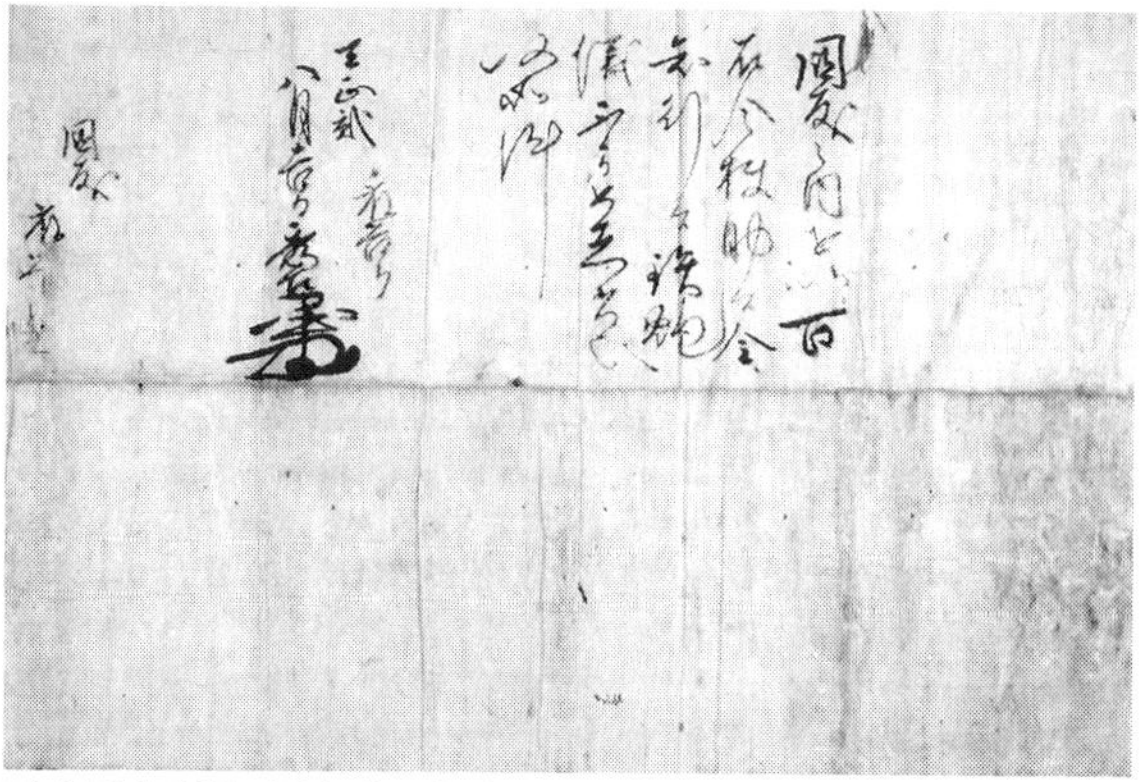

羽柴秀吉判物　国友藤二郎宛　国友助太夫家文書

二　秀吉保護以後の国友鉄砲鍛冶

秀吉と国友鉄砲

信長と国友との関係は、家臣の羽柴秀吉を仲立ちとすることで初めて成立した。信長による浅井攻めの最前線で、四年間にわたり陣頭指揮をとった秀吉は、姓を羽柴と改め、近江長浜城主として国友の地もその領国に加える。

秀吉は天正二年（一五七四）に、二通の文書を国友に残している。その内の一通は、八月吉日付けで秀吉が国友藤二郎なる者に百石の地を与え、鉄砲のことについては抜かりなきよう命じている判物（国友助太夫家文書、96）である。もう一通は、十月二十九日付けで同じ国友藤二郎に対して「国友河原方代官職」を命じた判物（国友助太夫家文書、104）である。百石の地を与えられ「代官」となり、姓を有するのであるから、藤二郎は明らかに国友村の土豪である。浅井氏以来の国友での鉄砲生産は、この村内の有力者ともいえる国友氏の統括下に鍛冶が編成され、鉄砲生産が行なわれていたのだろう。

秀吉は、長浜領を統治する当初から、領内の生産者の首領を自らの知行体系に組み入れ、領地を与えることで、火縄銃の生産を掌握しようとした。残念ながら、秀吉と国友との確実な関係は、これ以上追求することは不可能である。ただ、鉄砲の大量使用で信長が武田勝頼に大勝した天正三年（一五七五）の長篠合戦における信長軍の銃列に、秀吉の領国から信長へ提供された国友銃があったことは十分考えられるのである。

江戸時代の国友鉄砲　秀吉は、天正十年（一五八二）山崎城に本拠を移し、湖北の地を離れることになる。その後、当地を支配することになった、佐和山城主石田三成も、国友鉄砲を保護する政策をとったが、国友を火縄銃の大量生産地として確立させたのは徳川家康であった。

両者の関係は、慶長九年（一六〇四）ごろ、家康が砲術家稲富一夢を仲介に、国友鍛冶に対して五十匁・百匁玉筒を発注したことに始まるという。以後、大坂の陣にむけて、三匁筒から一貫目筒まで多種にわたる銃を、六百挺以上家康に納入した。これらの銃が、大坂の陣で威力を発揮し、豊臣家を滅亡に導いたことは、あまりにも有名である。

それでは国友鍛冶の組織は、いかなる構成を取っていたのか。家康からの発注を受け、最終的な量産体制を確立してからは、国友鍛冶は年寄四家を頂点とし、これを年寄脇九家が補佐し、その下に平鍛冶が編成されるという組織を保っていた。大坂夏の陣の年である元和元年(一六一五)には、国友に七十三軒の鍛冶屋と五百人に及ぶ職人がいたという。江戸時代を通して、この軒数と人数は徐々に減少していくが、鍛冶たちは「惣鍛冶」とか「仲間」とか呼ばれる同業組合＝衆を作って鉄砲生産を続けていく。

新たな体制での鉄砲生産　しかし、この国友鍛冶組織は、信長・秀吉時代の状況とは大きく相違していたと見るべきであろう。先に見たように、秀吉が国友鍛冶に対して、鉄砲のことは抜かりなきよう伝えた相手は、当地の土豪と見られる国友藤二郎であった。秀吉入国当時、浅井氏時代からの国友鍛冶の統括者は、二通の秀吉判物の宛名である国友藤二郎であり、そこには年寄四人の名はまだ見えない。

関ヶ原合戦後、国友から何人かの鍛冶が大名に仕官し、日本各地へちらばっていった。慶長六年(一六〇一)に国友与作が、大垣城主石川康通に百石で取り立てられたのを皮切りに、松江の堀尾吉晴、彦根の井伊直継、小浜の京極忠高、筑前柳川の田中吉政の所へ、次々と鍛冶たちが赴いた。この中には、それまで鍛冶職人のリーダーとして、国友氏の下で鉄砲生産をリード

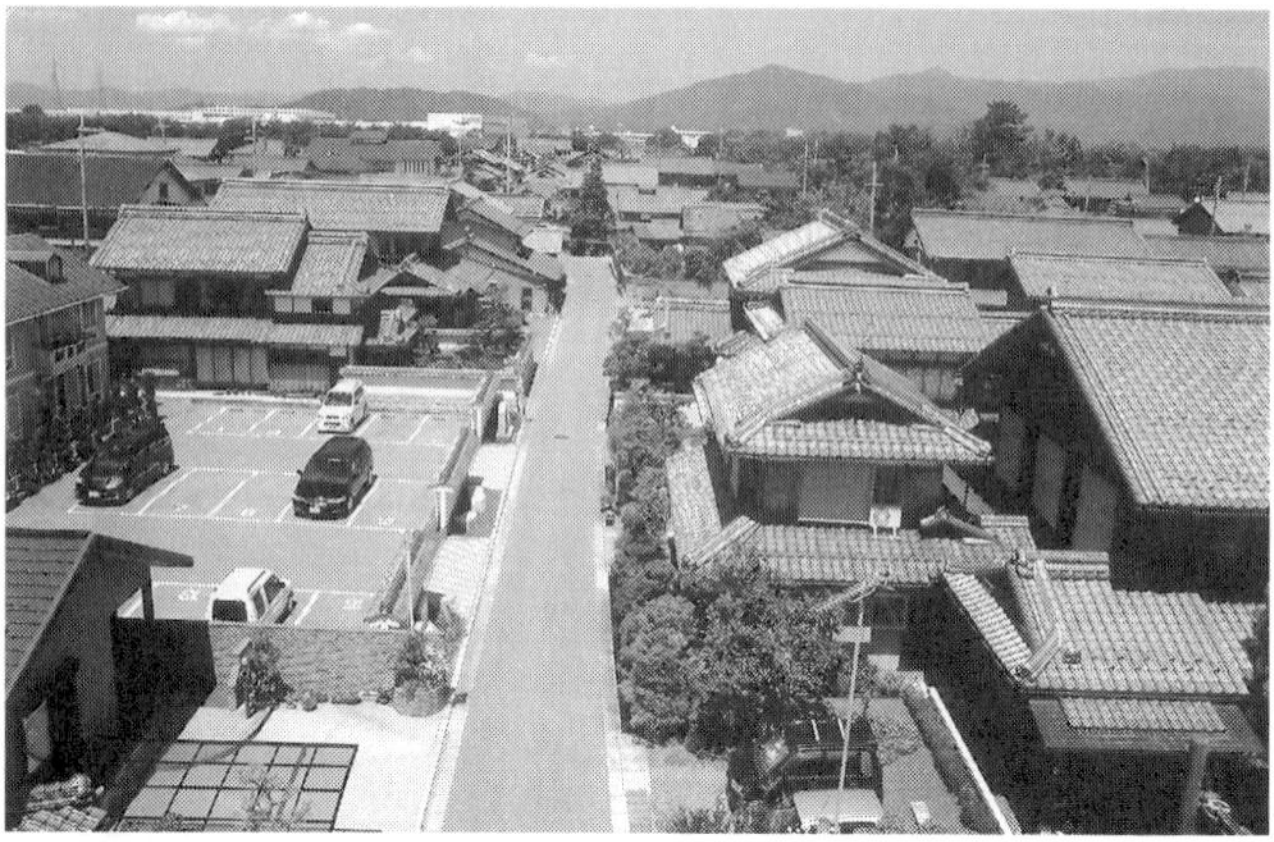

国友町の風景　寿福滋氏撮影

する立場にあった人物も多くいたはずである。たとえば、柳川へ行った国友与左衛門には、他に四人の国友姓の者がつき従っており、一人のリーダーが統括するグループが、丸ごと他国へ移動するケースもあったかもしれない。

国友鍛冶のリーダーは、大坂の陣を前に、多くが他国へ出ていったと考えた方がよさそうである。その後、残った者で体制の一新を果たした結果が、年寄四人を筆頭とする江戸時代の鉄砲鍛冶組合と考えるべきである。この四人によって、その権威づけのために、『国友鉄砲記』が江戸時代に編まれ、自分たちが国友鉄砲生産を始めたという話を創作していくのである。

最高級ブランド・国友筒　少々唐突であるが、「国友」とは火縄銃のブランド名である。それぞれの鍛冶師は、年寄四家が大嶋・富永・中村・脇坂の姓であったように別の本姓を持つ。火縄銃に銘をきる時だけ、「国友」の姓を使うのである。だから「国友」は鉄砲鍛冶の集団の名であり、かつブランド名なのである。

江戸時代の日本において、「国友筒」は「堺筒」と共に、火縄銃の最高級ブランドで通っていた。幕府・大名はもちろん、民間にも狩猟用等に「国友筒」は大いに出まわった。しかし、江戸も中期以降は、鉄砲注文の絶対的低下に鍛冶たちは職を失うものも多かった。その中で、金工師・花火師など関連する職業に転向し、新たな活路を見出す者もいたが、明治初めまでに国友での火縄銃生産は終焉《しゅうえん》を迎える。

浅井氏によって政策的に国友の地に創設された鍛冶集団は、秀吉の時代には国友藤二郎によって統括されて、その鉄砲鍛冶集団としての基礎を築いた。やがて、その中にはいくつかのグループができ、そのリーダーたちは関ヶ原合戦以後、各地の大名に仕官していく。残った鍛冶師たちは、家康のもとに再結集し、江戸時代の国友鍛冶組織を再編成していくのである。職人の由緒書は、寺社の縁起書と共に後世に創作されることが多いので、歴史学上は注意が必要な文献である。その典型が国友鉄砲鍛冶の由緒だと言え、確実な古文書によって、その由緒を正すことが必要である。この正された由緒から見ても、国友鉄砲の発展に、長浜城主・秀吉の保護政策が大きな影響を与えたことが確認できるのである。

国友鉄砲の里資料館

第五章　秀吉の領国統治

一　秀吉領国の範囲と養子秀勝

秀吉の統治範囲と「阿閉領」　これまで、長浜城主秀吉の支配領域としては、『信長公記』の「江北浅井跡一職進退に羽柴筑前守秀吉御朱印を以て下され」との記載を重視して、浅井氏の領国であった伊香・浅井・坂田の湖北三郡全体と理解されてきた。しかし、この三郡全体が秀吉の領国であったことについて、近年柴裕之氏によって疑問が投げかけられている。

まず、柴氏は浅井氏重臣から信長重臣へと転身した阿閉貞征《あつじさだゆき》・貞大《さだひろ》親子の所領が、湖北三郡内であっても、秀吉領国から外されていた可能性があると指摘している。阿閉氏は、貞大の通称名がついた「万五郎城」の館伝承地が存在することから、伊香郡西阿閉村（長浜市高月町西阿閉）の地侍であったことが知られる。西阿閉村の西にそびえる詰めの城・山本山に、信長との戦いの最終段階まで浅井氏側として籠城するが、元亀四年（一五七三）八月八日に降参し、信長の旗下に入ることになる。その後は、信長の直参として行動していることが『信長公記』から読み

山本山城　辻村耕司氏撮影

取れる。

秀吉の長浜城主時代、貞征・貞大の連名で、天正四年（一五七六）十月晦日《みそか》に浅井郡菅浦（長浜市西浅井町菅浦）に対して、安土城普請のための用具の調達を命じている（菅浦文書）ことから、菅浦は「阿閉領」であったことが確かめられる。また、天正九年（一五八一）五月吉日付けの阿閉貞征・貞大連署状によれば、知行内「北脇下野」内の十八石を竹生島に寄進しているが（竹生島文書）、この「北脇」は後に長浜城主となる山内一豊の知行目録から、阿閉周辺の古名と考えられる（山内家史料　一豊公紀）。本貫であった西阿閉村周辺も「阿閉領」であったことが確認できる。

また、玖右衛門宛ての天正三年（一五七五）と推定される十月十七日付けの阿閉貞大書状によれば、信長から恩賞として与えられた所領の内、過半を秀吉によって奪い取られ、さらに「竹生島領」まで奪われたら、知行が減少して困惑する旨が記されている（竹生島文書）。これらから、阿閉氏の本貫の伊香郡南部や、浅井郡の竹生島や菅浦も「阿閉領」であったが、湖北三郡を排他的に領国化しようとする秀吉と、摩擦が生じていたことを指摘し得る。つまり、柴氏が指摘するように、伊香郡・浅井郡の一部に長浜城主秀吉の領国外で、信長直臣の「阿閉領」が成立していたと考えられる。

湖北の「堀領」と信長直轄領　一方、信長の浅井氏攻めに際して、最も早く浅井氏重臣から信長へと離反した鎌刃《かまのは》城主堀秀村とその宿老樋口直房は、元亀元年（一五七〇）から始まる浅井攻めの三年間と、秀吉が旧浅井氏領を得た天正元年（一五七三）から、信長から改易を命じられる翌年までの都合四年間、坂田郡南部地域を信長から与えられる形で所領としていた。たとえば、坂田郡南部の地侍に、その周辺地を所領として与えている。具体的には、寺田村（長浜市寺田町）の下坂若狭守、飯《い》村（米原市飯）の嶋久右衛門尉、七条村（長浜市七条町）の野村孫太郎である。さらに、番場村（米原市番場）の蓮華寺《れんげじ》門前の諸公事免除を行なっている（以上、『米原町史』）。これらから、坂田郡南部には秀吉領とは別に「堀領」が存在していたと推定される。

さらに興味深いのは、秀吉が長浜城主であった時代に、信長が直接その家臣へ知行宛行を行なった事例をあげると、朝妻村（米原市朝妻筑摩）の木村藤兵衛、長沢村（米原市長沢）の田那部与左衛門尉、柏原村（米原市柏原）の箕浦次郎右衛門と、いずれも坂田郡南部の地侍であることが判明する。柴氏も指摘するごとく、坂田郡南部は信長直轄領であり、秀吉領に含まれなかった可能性が高い。信長文書を含め多くの戦国期の文書を所蔵する坂田郡柏原村の成菩提院《じょうぼだいいん》に、長浜城主時代の秀吉文書が一通も見られない事実は、同寺が秀吉領国内でなかったことを暗示している。この坂田郡南部の信長直轄領は、天正二年（一五七四）まで存在した「堀領」を引き継いだものではないだろうか。

以上から、長浜城主秀吉は、信長から「阿閉領」と「堀領」を除いた湖北三郡を所領として得たと考えられるのである。俗に、長浜城主の「秀吉領」を十二万石と言う（『武功夜話』など）のに対し、江戸時代の湖北三郡の石高は約二十万石である。この誤差を、「阿閉領」と「堀領」の八万石と考えれば、「秀吉領」十二万石はかなり現実に近い数字であるのかも知れない。

秀吉の名乗りの変化　秀吉は表に見るように、長浜城主時代にその名乗りを「藤吉郎」から「筑前守」とした後、失策の責任を取る形で名乗りを「藤吉郎」に戻し（第六章を参照）、再び天正九年（一五八一）に入ると「筑前守」とする。播磨良紀氏は「筑前守」への再改名時期を、天正九年七月二十日以降と述べる。すなわち、尼子氏の旧臣で秀吉の因幡攻めに貢献した亀井茲矩《これのり》宛の秀吉書状（亀井文書、332・333）において、同年七月二十日付けでは「藤吉郎」を使用

秀吉の北近江統治時代年表

年月日	事　項
元亀４年（1573）７月18日頃	「木下」から「羽柴」へ改姓。
天正元年（1573）９月１日	織田信長から、浅井氏の旧領北近江を与えられる。
天正3年（1575）７月３日頃	**「藤吉郎」から「筑前守」への名乗り変更。**
天正３年（1575）８月13日	信長が秀吉居城・小谷に宿泊する。
天正３年（1575）８月～12月	小谷から長浜へ居所を移す。
天正５年（1577）10月	中国計略のため、播磨へ赴任する。
天正６年（1578）２月	三木城主別所長治が信長に離反する。
天正６年（1578）10月	有岡城主荒木村重が信長に離反する。
天正６年（1578）10月下旬	黒田官兵衛が有岡城に幽閉される。
天正６年（1578）11月頃	**「筑前守」から「藤吉郎」への名乗り変更。**
天正８年（1580）１月17日	三木城が開城する。別所長治自刃する。
天正８年（1580）６月	播磨を再統一する。
天正９年（1581）２月～８月	この頃から秀勝が秀吉の代行者として北近江を統治する。
天正９年（1581）４月10日	信長が秀吉居城・長浜を経由して竹生島詣でをする。
天正９年（1581）７月22日頃	**「藤吉郎」から「筑前守」へ名乗り変更。**
天正９年（1581）10月25日	鳥取城が開城する。
天正10年（1582）３月	備中攻めに入る。
天正10年（1582）６月２日	本能寺の変が起きる。

するが、七月二十二日付けでは「筑前守」を使用している。実はこれ以降も「藤吉郎」を名乗っている秀吉文書が若干存在するが、同じ相手への書状で名乗りを変えている点を重視し、秀吉のおかれた状況に変化があった結果と評価している。同年七月二十日頃における、秀吉の置かれた状況の変化を特定し得ないが、因幡攻めがある程度目途が立ったためと播磨氏は述べる。

この時期の秀吉の行動を見ると、前年の天正八年（一五八〇）一月十七日に、長く秀吉・信長に抵抗して籠城していた三木城の別所長治が自刃し同城が開城となり、六月五日には播磨国宍粟《しそう》郡の宇野民部を攻め滅ぼし、播磨が再び秀吉領国として統一され、九月には検地を行なっている。その直後から、因幡・伯耆国境《ほうき》へ出陣する。翌年に入ると六月から但馬への侵攻を開始、七月からは因幡鳥取城攻撃を本格化していった。鳥取城は天正九年十月二十五日に開城する。先の名乗りの「筑前守」への改変は、この鳥取城包囲網の中での出来事であった。秀吉はその後、伯耆国羽衣石《うえし》城の南条元続を救援する動きをとった後、十一月には姫路に戻り淡路攻撃も行なった。

翌年の天正十年(一五八二)は、三月から備中攻めに入り、高松城攻めの最中に、六月二日の「本能寺の変」の報を受けるのである。

於次秀勝の独立と名乗り　この秀吉の名乗りの変化時の状況を見直した場合、気になるのが尾下成敏《しげとし》氏による羽柴於次秀勝に関する研究である。於次秀勝は織田信長の五男で秀吉の養子となった人物だが、天正十三年(一五八五)十二月に丹波亀山城(京都府亀岡市)において、十八歳の若さで病死した。秀吉が播磨を基点とした中国計略を行なっていたので、手薄となった北近江長浜領の統治を秀吉から任されたこと、秀吉の後継者として認められていたこと、最近では信長の四男ではなく五男であったことなどが指摘されてきていた。その中で、信長在世期の秀吉・秀勝の文書のあり方を分析した尾下氏は、天正九年二月から八月までの間に、秀勝が秀吉の代行者として長浜領を統治するようになったと結論づけている。

先に述べたように、「藤吉郎」から「筑前守」への名乗りの変化が、天正九年七月に行なわれたとしたら、それは秀吉が秀勝へ長浜領の支配を委ねた時期と一致することになる。後継者・秀勝の成長にともなう、北近江の秀勝領としての独立。その結果として、播磨を秀吉領として確立する方向性が生まれ、軍事的にも中国攻めに専念する。そういった、信長家臣団中の地位の向上や、部将としての自信が、秀吉の心に変化を与え、信長からの許しも得て、再び「筑前守」を名乗るようになったのではないか。

信長の長浜城訪問　そこで、もう一点気になるのは、第二章でも述べたが、この時期に長浜へ信長を迎えたことである。秀吉は中国攻めの最中においても、安土城の信長の許や、妻や母をおいていた長浜に度々戻っている。長浜に帰った時期は、まず天正八年（一五八〇）二月から三月にかけてで、長浜で茶会を催していたことが『宗久他会記』などによって知られている。翌年の天正九年四月十日には、長浜に信長を迎えている。この状況は、『信長公記』に見える。信長はその日、突然小姓五、六人を連れて、竹生島詣でに向かった。秀吉がいる長浜城までは

織田信長像　国友助太夫家史料

馬で行き、その先は船で片道十五里の所を、日の内に往復し安土まで帰った。安土から竹生島までは遠路なので、城内の女たちは遊山や寺詣でを行なっていたが、信長は帰城するなり女たちが不在なのを知って怒り、厳罰に処したという話である。

　最初の「筑前守」の名乗りの直後に当たる天正三年（一五七五）八月十三日にも、信長を小谷城に迎えている事実があったことが『信長公記』にある。天正九年の「筑前守」への名乗り変更に際しても、直前に秀吉は自分の居城である長浜に信長を迎えていた。秀吉が信長から北近江を拝領して以来、信長が秀吉の居城を訪ねたのは、判明するかぎりこの天正三年八月十三日と、天正九年四月十日の二回しかない。これと前後して、くしくも秀吉は二回にわたって「筑前守」への名乗り変更を行なっているのである。

　信長を秀吉居城に迎えるのが、「筑前守」任官の必要条件であったとまでは言えないが、信長を居城に招くということは、秀吉が一つの成果を信長に見せつける意味があったと思われる。前者は長浜への本拠移転の報告、後者では秀勝への長浜領引き継ぎの報告、これを信長に告げる意図があったと読めなくもない。「筑前守」の名乗りは、その節目を自ら祝うために自称したものであったと考えられないだろうか。そうであれば、信長の竹生島詣では、秀吉の強い誘いがあったからこそ実現したと推定したくなる。

二　村落統治の実態

秀吉の代官と家臣たち　浅井郡尊勝寺（長浜市尊勝寺町）の岡本寿仙が、寛政五年（一七九三）にまとめた、浅井郡尊勝寺村（長浜市尊勝寺町）の地誌『平埜荘郷記《ひらののしょうごうき》』によれば、「尊勝寺村中古御領主幷《ならびに》御代官衆之事」として、尊勝寺村を統治した領主と代官を列記した項目がある。この記録には、賤ヶ岳合戦後の北近江の領主・代官について、天正十一年（一五八三）からは佐和山城主堀秀政の所領となったこと、天正十五年（一五八七）からは近江八幡城主豊臣秀次の所領になり、その筆頭宿老である田中吉政が代官を務めたこと、天正十八年（一五九〇）に秀吉直轄領となり、文禄元年（一五九二）からは豊臣秀次直轄領に戻るが、秀次の失脚により、文禄五年

（一五九六）から佐和山城主石田三成領になったと記される。

これらの記述は、近江八幡城主秀次領となるのが、天正十三年であったことなど、多少の修正は必要なものの、他の史料からも裏付けられる比較的信憑性の高い情報を示している。村落側から領主変遷を示した唯一の史料として、その価値は高いものがある。その中で、秀吉の長浜城主としての北近江統治期については、高田長左衛門尉や一柳《ひとつやなぎ》勘左衛門尉・小出《こいで》勘左衛門尉・古田肥前守という代官や知行主の名前を記している。すなわち、天正三年からは代官高田長左衛門尉、天正五年からは代官一柳勘左衛門尉、天正六・七年は（代官か）小出勘左衛門尉、そして天正八年から十年までは、古田肥前守の知行所であったと記す。

この内、古田のみが知行所であったことが分かり、他は秀吉直轄領の代官と見なされる。高田長左衛門尉は三木城攻めに参加している秀吉家臣で名が見え、「長浜八幡宮文書」でも石川光政や伊藤秀盛と共に、秀吉の寄進謝礼への返礼を述べている書状が残っている。一柳勘左衛門尉は名を「直次」といい、伊香郡古橋村の秀吉代官を行なっていたことが、「古橋村高橋家文書」に収められた直氏書状によって判明する。さらに、古田は名を「良直」といい、四月九日付けの「古田良直・矢野重謙・卜信斎信貞連署書状」（上坂家文書）の差出人の一人で、「長浜御奉行御両三人」と呼ばれ、秀吉の留守を預かる「長浜奉行」であったことが分かる（以上、

第三章参照）。

この古田の所領となる前は、尊勝寺村は秀吉直轄領で代官支配であったことが知られる。つまり、この変遷は、秀吉が北近江の村々を信長から拝領すると、まずは直轄領として代官を配置し、年貢の収受を行なう。やがて、家臣団が整備され戦功が重なると、この直轄領を家臣へ知行として与えていく。第三章で見た秀吉が家臣へ北近江で知行を与える行為は、村落側からすると代官支配が安定し、秀吉家臣の所領としても安定した収納が得られる村であったことを意味するものであろう。

このように、秀吉の北近江が進むほど、秀吉の直轄領は減じ、家臣団の所領が増えていったと推定される。その結果、江戸時代に大名家へと成長する秀吉家臣は、浅野長吉や山内一豊のように、北近江で最初の知行を得ることになったのである。秀吉の直轄領は、新たに征服した播磨地方にも振り分けられていったのであろう。

長浜城主・秀吉と用水裁定　長浜城の普請が完成した天正四年（一五七六）、秀吉は信長の命により安土城の普請に関わるが、翌年九月からは信長から中国攻めを命じられ、以後は播磨・但馬それに因幡・備中へと転戦、長浜で家族と生活する時間は少なかったと推定されている。

秀吉出陣中は、天正三年（一五七五）三月十三日に、長浜八幡宮に対して掟書（長浜八幡宮文書）を出している一族の杉原家次や、坂田郡西上坂村の土豪・上坂氏の所領のことで秀吉への取り成しをしている「長浜奉行（古田良直・矢野重謙・卜信斎信貞）」が（上坂家文書）、長浜城で政務を代行していたことが想定される。後には秀吉の養子「於次秀勝」（織田信長五男）を中心に北近江統治を行なった。

したがって、領内政治について秀吉自身の命令は、そう多くは残っていない。その中で、天正二年（一五七四）三月二十六日に、浅井郡三田村（長浜市三田町）と野村（長浜市野村町）の姉川からの用水相論を裁定した文書（三田村共有文書、85）が知られる。用水の水を三日は三田村へ、一日は野村へ番水（用水の分岐点で順番に水を送ること）を定めている。本書は「三田村郷名主《みょうしゅ》・百姓中」宛てとなっているが、長浜城主時代の秀吉が、村の名主（代表者）や百姓に直接文書を出している例は稀《まれ》と言えよう。

住民の還住を促す　これまであまり紹介されて来なかった文書だが、伊香郡古橋郷（長浜市木之本町古橋）に出された、八月十一日付けの羽柴秀吉判物（古橋村高橋家文書、60）は、その北近江入封時の政策をよく示している。「羽柴藤吉郎秀吉」と署名されたこの折紙では、「各《おのおの》早々還住せしめ尤《もっとも》に候」と述べている。年号はないが、内容から天正元年（一五七三）の文書と断定していいだろう。浅井長政と織田信長の戦いにより、北近江の村落住民の多くは、山間部などに避難していたと推定され、その帰郷を促した内容となっている。

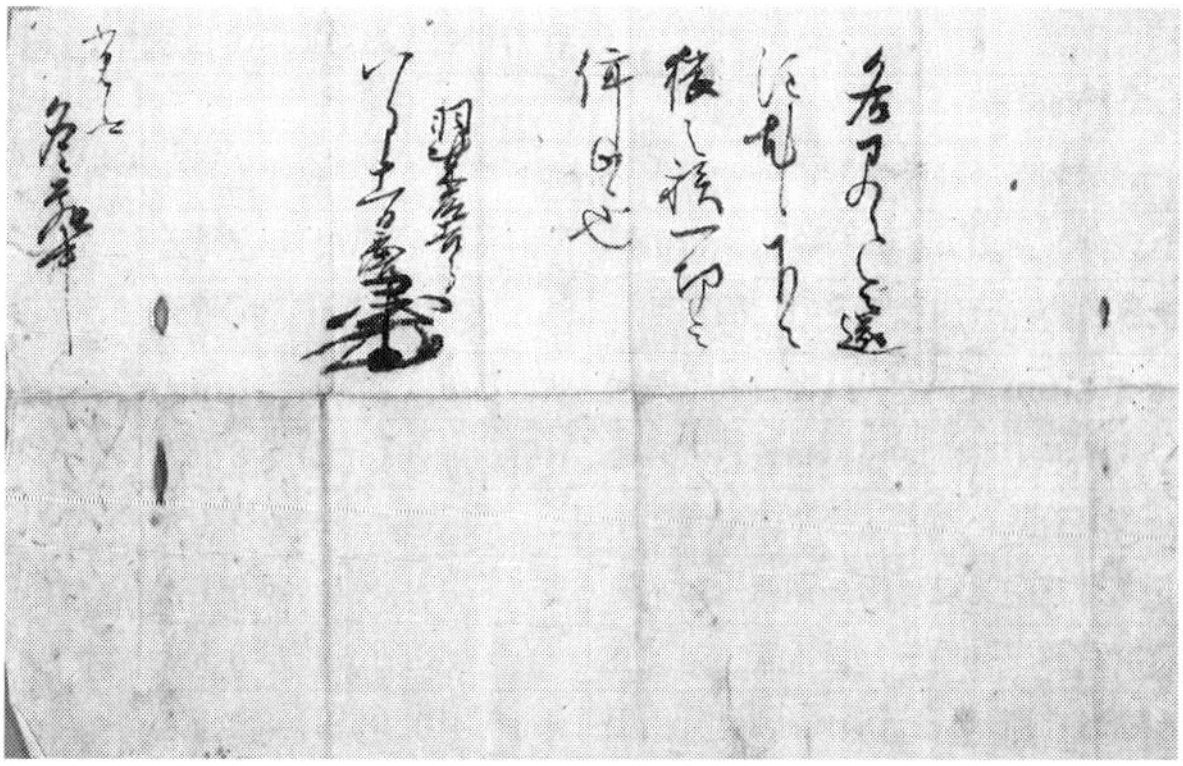

羽柴秀吉判物　古橋郷名主百姓中宛
長浜市長浜城歴史博物館蔵

注目されるのは、「羽柴」の姓を使用していることである。通常「羽柴」の姓は、長浜城主になってからとの常識的理解があるが、ここでは小谷落城前に使用されていることが確認できる。現在の研究では、「木下」から「羽柴」への改姓は、天正元年（一五七三）七月十八日頃と考えられている。本書の十一日後に出されたものだが、同年八月二十二日の秀吉書状（福井県蔵文書、61）は、信長軍が越前朝倉軍を攻めた刀根坂《とねざか》の合戦について触れた貴重な文書であるが、そこでも「羽柴」の姓を使用している。「木下」から「羽柴」への改姓は、北近江攻めが最終段階に入り、浅井氏滅亡後は秀吉にその浅井旧領を任せるという信長の期待が込められていたと考える。

一方、秀吉自身ではないが、弟・秀長（当時は長秀と言った）が、同じ天正元年の八月十六日付けで黒田郷（長浜市木之本町黒田）惣百姓に宛てて出した書状（黒田自治会蔵文書）も、古橋郷宛ての文書と同じく百姓の還住を命じている。浅井長政と織田信長の戦乱を避けるため、北近江の多くの百姓が山に入り、その収束を待っていたと考えられる。秀吉としては、なるべく早く百姓たちに村に帰住してもらい、安定的な農業生産を行なって欲しいと望んでいたに相違ない。これらは、その思いが表れた文書である。

農村への定書　天正二年（一五七四）三月十九日の秀吉定書写（雨森文書、83）には、秀吉が北近江に入ると同時に出した法令と、その「端裏書《はしうらがき》（文書の端《はし》の裏に記された表題）」に記されているものだが、写しか存在が知られていない。この五ヶ条の定書で、秀吉は指出検地を行なって村々の田畑の状況を把握していたことが知られる。その概要を示そう。

①昨年年貢を納めた者が作職《さくしき》（耕作権）を持つ。
②荒れた田地は開墾した者が耕作権を持つ。
③先年に指出検地を行なった際に隠していた土地も、今申し出れば罰することはしない。
④堤の普請は近くの者だけでなく周辺の者も出仕するように。

⑤以前隠している土地がある場合は、三月二十五日以前に届け出ることを待つ。それを過ぎても隠す場合は、隣七軒も含めて処罰する。

と記されている。ここからは、いわゆる隠田《おんでん》を厳しく取り締まる態度が読み取れるが、さらに指出という、言ってみれば自主申告の形で、北近江にも検地が行なわれていたことを示唆する。当地は、日本でも有数の早さで石高表示が、宛行状《あてがいじょう》や安堵状、寄進状などに登場する土地柄であるが、このように秀吉の入部直後から、指出の形で検地が行なわれていたことが背景にあったと考えられる。なお、検地は天正十年代以降の太閤検地となると、検地奉行や役人が派遣され、彼らが実際に丈量する形に変化していく。

秀吉による堤普請　また、この秀吉定書写では、堤の普請を行なうように命じているが、事実伊香郡高月町内の高時川右岸の堤防は、「太閤堤」と呼ばれ秀吉が築堤したという伝承が、以下のとおり数ヶ所ある（『伊香郡志』）。

①北富永村の地先の高橋山と、下井川とを結合する直線約五十間の堤
②南富永村の地先である大字柏原・渡岸寺《どうがんじ》・落川の東方の約二百間の堤
③大字高月の東方の約三十間の堤

④大字森本の東方の約四十間の堤

これによれば、旧高月町内の高時川右岸の堤は、そのほとんどが「太閤堤」ということになる。さらに、旧湖北町に入って丁野《ようの》（長浜市小谷丁野）の集落の地先に当たる、高時川左岸の堤も「太閤堤」と呼ばれていた。

これらの伝承が仮に真実だとして、「太閤堤」は秀吉の長浜時代を指すのか、「関白」・「太閤」時代を指すのか明確ではない。しかし、中世にはできなかった大土木事業が、秀吉の入封以降に可能となったことを示すのであろう。

職人の保護　信長もそうであるが、秀吉も職人の保護には抜かりなかった。秀吉の時代は、長浜城や町の建造にみられるように、大土木・建築時代であり、また合戦も多く、武器の大量生産も必要な時代であった。そのため、職人たちを保護し、その動きを掌握しておくことは何よりも大切なことであった。秀吉は、天正三年（一五七五）八月七日、畳指《たたみさし》の職人に、年中十日間秀吉の仕事をすることで諸役を免除する判物（島崎与志雄氏蔵文書、117）を与えている。おそらく、長浜城の御殿などの畳を作らせたことへの代償であろう。秀吉は大坂城を築城する時にも、天正十一年（一五八三）八月五日に、近江の鍛冶・番匠・大鋸引《おおがびき》、それに屋根葺・畳指などの諸職人へ、諸役免除の命を下しているが（河路佐満太氏蔵文書、７９７）、長浜城や町の建設に際しても、畳指以外の職人へも諸役免除の優遇策を取ったと考えられる。町民への地子免除、職人への諸役免除、これが秀吉による長浜新造に関する経済施策の中心であったと考えてよい。

年号は不明であるが、七月二十八日付けの秀吉判物（個人蔵文書、１１５）は、浅井郡の西草野鍛冶へ、秀吉の仕事を請け負ったので、夫役を免除すると伝えている。この西草野とは、現在の長浜市上草野地域（旧浅井町東学区）にあたり、野鍛冶が多く住んだ鍛冶屋という集落を含んでいる。鍛冶屋には、秀吉に槍を献じたという伝説が残っており（『淡海木間攫』）、文書にいう彼らがつとめた秀吉の仕事とは、前章で見た国友鉄砲と同様に、武器としての槍生産であった可能性が高い。

また、天正九年（一五八一）四月二十二日には、長浜町の舟持二十人に対して、諸役免除を与え、秀吉の船用がある時は、これに応ずべきことを命じている（南部文書、３１２）。これは、建築や軍用のための物資運搬手段の確保である。

寺社領の安堵　秀吉は長浜城主となると、領国内の主要な寺院の所領安堵を行なっている。秀吉は浅井氏と信長が戦闘状態に入った直後の元亀元年（一五七〇）七月二十五日に、竹生島へ対して「当寺仏田・諸寄進坊地坊領買得分」や「早崎村」の所領安堵を行なっている（竹生島文書、24）。これは第一章でふれたように浅井氏側であった竹生島を、味方とするための誘降策であったと考えられる。竹生島はこの誘降には乗らず、引き続き反信長の立場を通したので、元亀三年（一五七二）七月二十四日に、信長配下の明智光秀や堅田の地侍により、大砲・大筒・鉄砲などの火器を使った攻撃を仕掛けられている。したがって、元亀元年のこの竹生島領安堵は、長浜城主になった後の寺社領安堵とは性格を異にすると考えるべきだろう。

長浜城主になってからは、秀吉は天正二年（一九七四）に龍厳院《りょうごういん》（総持寺、長浜市宮司町）・長浜八幡宮・飯福寺《はんぷくじ》（己高山《こだかみやま》の一寺院、長浜市木之本町古橋）・竹生島へ、天正四年（一九七六）には医王寺（長浜市堀部町）・知善院・小谷寺（長浜市湖北町伊部）、天正六年（一五七八）に神照寺《じんしょうじ》（長浜市新庄寺町）、天正七年（一五七九）に舎那院（長浜八幡宮神宮寺）、天正九年（一五八一）に妙覚院（長浜八幡宮社坊）へ所領安堵を行なっている。これらの多くで、石高制による寺領表記が見られることは特筆すべきであろう。先の元亀元年の竹生島領安堵が、中世の寺領（一円領）と散在領（買得地など）を、そのまま安堵しているのとは好対照である。

また、その安堵の文言も、「寄進」や「之《これ》を遣《つか》わす」とあるように、秀吉が一度中世以来の寺社領を収公して、新たに所領を与える形をとっている。石高制をとったことは、天正二年

（一五七四）という早い段階でありながら、先に記したように「指出」などの検地が行なわれた可能性が高い。秀吉は、その結果を踏まえて、中世以来の寺社領を整理して、新しい形で所領を寺社へ「寄進」したのである。つまり、単なる安堵ではなく、寺社領を一度収公した上、整理して再分配したと推定されるのである。

総持寺

この事実は、この時の寺社領高が、ほぼ江戸時代の各寺社の朱印地高（寺社領）と一致することからも裏付けられる。たとえば、総持寺の場合、天正二年（一五七四）二月十八日に秀吉から与えられた寺領百二十石は、慶長七年（一六〇二）検地で算出される坂田郡勝村（長浜市勝町）にあった総持寺領と同高である。小谷落城から半年も経たないこの時期に、総持寺周辺の村々に散在した中世所領を収公し、勝村に寺領を集中させた検地作業の早さは驚異に値する。あるいは、坂田郡にあった横山城の城主であった秀吉は、小谷落城以前から、総持寺がある坂田郡中心部について検地実務に入っていたのかもしれない。いずれにせよ、長浜城主秀吉の寺社領安堵の形態は、近世日本の基幹となる経済制度・石高制が、秀吉の長浜領から徐々に全国に広がったことを実証するものだろう。

第六章　秀吉の城下町・長浜

一　城下町成立前の姿

城下町としての先進性　織田信長から豊臣秀吉へと受け継がれ、成長していった近世城下町は、碁盤目状の長方形街区と、間口が狭く奥行きが長い短冊型地割を特徴としていた。今も街区が残っている近世城下町としては最も古いと言われる長浜の町は、やや遅れて造成が始まった安土と比較しても、はるかに整った碁盤目状の規格を示し、進歩的な形態を示している。城下町を編年した際、「異様に突出した先進性」と評される長浜の町割が、天正二年（一五七四）から天正十年（一五八二）に至る、秀吉造成時の城下町と断定するには、やはりいくつかの検証が必要であろう。

江戸時代の長浜町は、戸数約一千二百戸、人口約四千七百人を誇り、北近江三郡の物資が集散する商工業都市として栄えた。ここに展開した南北約一キロ、東西約〇・五キロの規模を有する町割は、五十二の両側町を構成する竪《たて》・横の街路によって区切られている。町の中心部は、各街区とも屋敷の裏に空閑地《くうかんち》を残した、正方形に近い長方形街区が成立していた。さらに各屋敷地は、整然とした短冊型地割を基本とした。都市計画上は、近世城下町として資格を十分備えているのである。

ここで結論を先に述べれば、近世から近代・現代につながる長浜の町並・地割の基本は、すでに秀吉によって造成されたものだった。その事実を、秀吉造成以前の長浜の実情までさかのぼって、以下考察していこう。

前身・今浜村の存在　秀吉が造成した長浜が、今浜と呼ばれる集落を基本としていたことは、「秀吉今浜を改めて長浜と呼」ぶとする、江戸時代の地誌『近江輿地志略《よちしりゃく》』の記事を引用するまでもなく、歴史的に自明な話と言える。今、さらに同時代の史料から確認を取れば、秀吉が天正二年(一五七四)六月から七月にかけて、北近江三郡の各村落に宛てに城下町造成や、築城のための人足調達を命じた判物《はんもつ》を上げることができよう。この文書は、現在三通確認されているが、いずれもが「今浜」・「今はま」へ鋤や鍬を持参し、普請・作事に加わるよう命じている(第二章参照)。長浜の都市と城郭が建設された場所が、中世には「今浜」と呼ばれていたことは間違いない事実である。

今浜は、その鎮守・長浜八幡宮の神領である八幡庄中の一集落であった。八幡庄《はちまんのしょう》は石清水八幡宮領の坂田郡細江庄《ほそへのしょう》を継承したもので、「坂田郡八幡別宮《べつぐう》」（永正七年書写『八幡愚童訓』、長浜八幡宮蔵）と呼ばれた後の長浜八幡宮の神領として、鎌倉後期から八幡庄と呼ばれた。八幡庄の庄名は、正安三年（一三〇一）八月二十四日の八幡庄地頭代源景清願文（紀伊九鬼文書）から見える。

今浜村の位置　今浜村の村名は、応永十七年（一四一〇）二月五日の神照寺本堂上棟記録（神照寺文書）に、「今浜　左衛門」の名が登場し、永享七年（一四三五）の勧進桟敷《さじき》注文次第（長浜八幡宮文書）の中にも「今浜村　三間　道林」とあり、同奉加帳（長浜八幡宮文書）の中には、「三貫文今浜時講衆」と講組織の姿も記載される。一方、十五世紀中頃の「神照寺寺田記録」（神照寺文書）にも、同寺の散在所領の作人の名前として、「イマハマノ法住」・「今浜三郎左衛門」が見える。また同書に登場する「道林」は、「長浜八幡宮文書」に見える「道林」と同一人物ではないかと考えられる。

以上のように、秀吉の城下町造成以前の室町時代から、今浜村が存在したことは明白である。しかし、今浜村が長浜城下町のどの位置にあったかは明確にはできない。ただ、長浜曳山祭《ひきやままつり》で

長浜曳山祭

唯一、子ども歌舞伎を行なわない小舟町周辺の地は、その候補の一つであろう。同町は長浜町の南西の隅の湖岸にあたり、長浜曳山祭では「太刀渡り」という「練物《ねりもの》」（行列）を行なう。この「太刀渡り」は、もともと長浜の町人の代表である十人衆が行なっていたものを、小舟町組に委ねたという経緯をもつ。祭当日、長浜八幡宮での子ども歌舞伎奉納においては、この「太刀渡り」が退場しないかぎり、歌舞伎の演目を始められないという決まりがある。

すなわち、小舟町は長浜曳山祭の親郷《おやごう》としての権利を有しているのであり、その理由は小舟町の場所が、本来の今浜村であったことに起因すると推定するのが一番自然であろう。小舟町の伝承では、延久元年（一〇六九）に、源義家が長浜八幡宮に参拝した折、湖水からこの小舟町に上陸して同社に向かったという。これが、先の「太刀渡り」の起源だと伝えるが、こういった伝承も、小舟町付近に今浜村が存在したという推定を補強するものと言えよう。

横浜村と城下町の縁辺　また、旧長浜の市街地内には今浜村の他に、中世において横浜村が存在したと見られる。まず、永享七年（一四三五）の勧進猿楽奉加帳（長浜八幡宮文書）に、「二百文横浜人々」と見える。また、「今浜村」の記述もあった「神照寺寺田記録」（神照寺文書）にも、「ヨコ浜ノ正忍」・「ヨコハマ藤内」・「ヨコハマ刑部」の記述が見えている。秀吉の城下町を継承した近世長浜の五十二町の一つに、「横浜町」がある点を考慮すれば、この横浜村も秀吉による城下町造成によって、その区域内に包摂《ほうせつ》されてしまった村と推定される。

近世の長浜町五十二町の内、秀吉による天正十九年（一五九一）の朱印状によって年貢免除を認められた地は、その中心部の三十五町のみであった。五十二町の内、東北部から東部一帯、それに南部には朱印地と年貢地の入組町が二町、年貢地が十五町あった。この五十二町内の年貢地は、宮村や三津屋村、瀬田村などの近世村に結ばれたが、この三ヶ村も長浜町成立以前に存在した中世村を継承した可能性がある。これらの近世村は、いずれも周辺の村落のような集落部分をもたず、長浜町内の一部の街区を包摂した、耕地を主体とした村であった。かつ、宮町・三津屋町・瀬田町などの同名町が、五十二町内に存在する。

つまり、宮村の集落部分が長浜町に包摂されて宮町となり、三津屋村の集落部分が同様に三津屋町になったと考えることが可能である。瀬田村については、江戸時代の上田町・中田町・

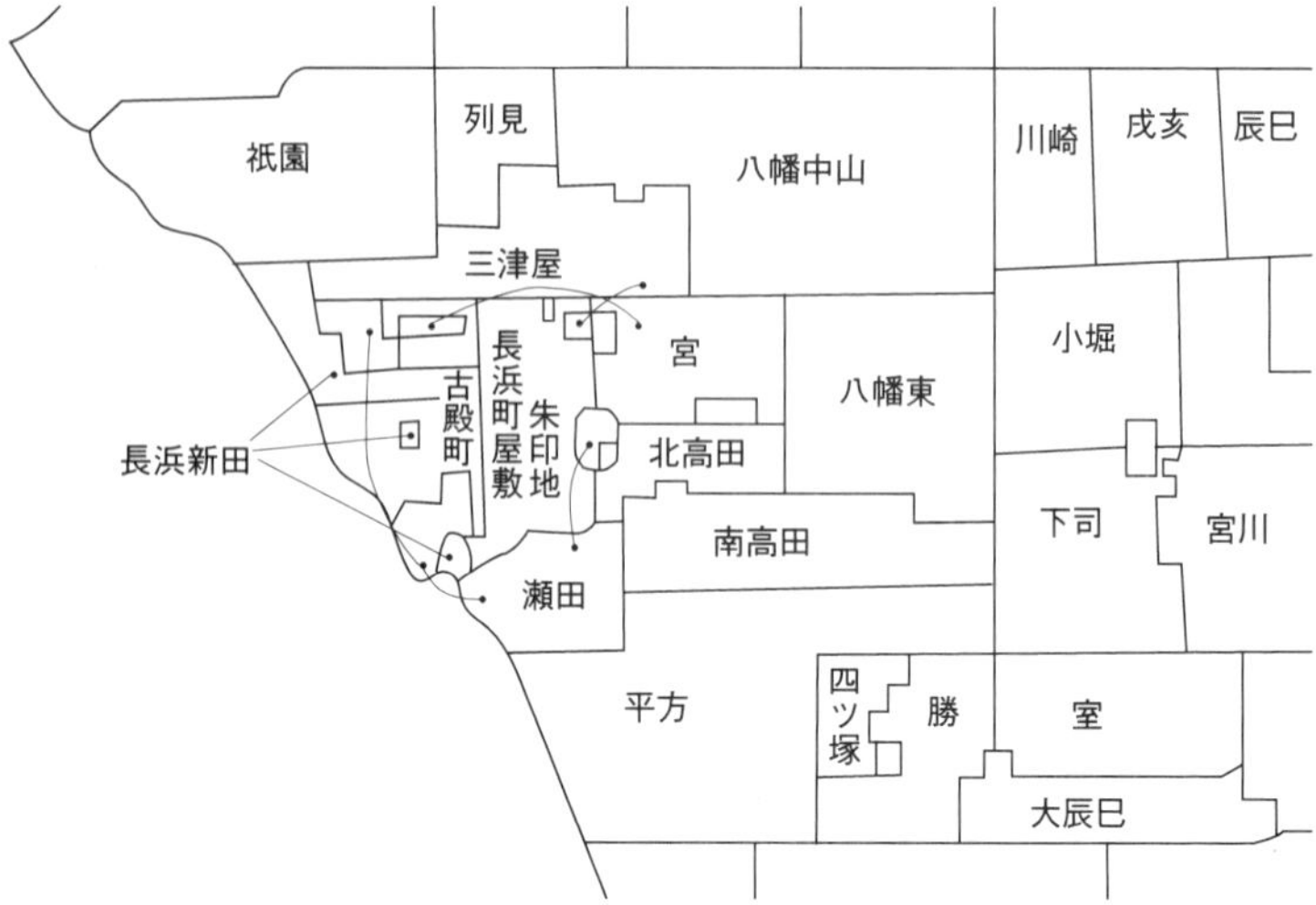

長浜町周辺村図

下田町が、中世村の後身と考えることができよう。瀬田町は朱印地内で、少々北に離れすぎており、瀬田村との関係は不明確である。ただし、この宮村・三津屋村・瀬田村については、その中世における存在を示す明確な史料は存在せず、今浜村や横浜村のように、その実在を確実視することはできない。

長浜八幡宮の旧地　中世の長浜八幡宮は、江戸時代の長浜町内の八幡町《やわたまち》付近にあったとする伝承が存在する。また、旧八幡町に現在も鎮座する神明神社は、もともと現在の長浜八幡宮の場所にあり、秀吉の城下町造成によって、八幡町にあった八幡宮と社地を交換したと伝えられている。

　長浜八幡宮の由緒を記した『江州湖東八幡宮并《なら》びに祭礼ノ由来』（滋賀県立図書館蔵文書）は、寛文六年

（一六六六）十一月に川畑宗賢なる者が記し、それを文久元年（一八六一）に木田長次郎が再記したものである。ここに、毎年九月十五日に行なわれていた曳山祭の際、神輿《みこし》が八幡宮からお旅所に渡御《とぎょ》する時、大手町仁右衛門から最初の神酒を捧げる理由として「其屋舗本宮ノ旧跡ナレバナリ」と記している。つまり、大手町仁右衛門家付近は長浜八幡宮の旧地であったという伝承が存在したのである。

八幡町神明神社

このように、八幡町や大手町に、長浜八幡宮の前身である「坂田郡八幡別宮」が鎮座したとすれば、この地に城下町造りを計画した秀吉としては、その移転を考える必要があった。現在長浜の旧市街地外で、その東に隣接する長浜八幡宮は、その移転した姿と考えることができよう。長浜八幡宮の社伝によれば、秀吉は天正二年（一五七四）には八幡宮へ社地東西二町、南北一町を与え、同年二月十日には神領百六十石を寄進して、九月より社殿の造営にかかっている。これらの施策は、長浜八幡宮の移転にともなう秀吉の配慮と考えるべきであろう。

したがって、秀吉が造営する以前の今浜の地には、今浜村や横浜村の集落の他に、八幡宮の広大な境内が広がっていた可能性が高いだろう。長浜の旧市街地には、鎌倉・室町時代の墓跡・寺院跡とみられる浄琳寺遺跡や、中世の寺院跡とされる東光寺・西徳寺・長因寺遺跡などが知られられているが、これらは長浜八幡宮の神宮寺、あるいは社内坊に関する遺跡と考えるのが妥当ではないだろうか。つまり、秀吉造成以前の長浜の地には、その城下町とは無縁な寺社の境内や、その門前町が存在した可能性が高いのである。秀吉の城下町は既存の地割を破壊して、まったく新しい都市計画のもとに造成された、新都市であったと考えるべきであろう。

二　秀吉による城下町造成

第一期の造成　長浜の城下町は、戦国大名浅井氏の城下町・小谷などから移住した町を主体に形成されたと、従来から言われてきた。しかし、現在の町割の状況や文献史料を活用し、歴史地理学的に長浜城下町の成立について考察すると、今浜村付近にあった旧村落を再編した町を基本とし、小谷城下や坂田郡箕浦（米原市箕浦）など周りの中世都市から移転町は、それからしばらく経って形成されたものであることが分かった。

天正二年（一五七四）から造成された城下町は、秀吉が長浜を離れる天正十年（一五八二）までに、三期に分けて完成されたと考えられる。まず、第一期は今浜村や近隣の横浜村などを主体として造った大手町と東本町・西本町、それに東・中・西の魚屋町や北町、そして北船町・瀬田町・横浜町・大安寺町などであった（旧町の位置は、一四四ページの地図を参照）。

第二期・第三期の造成　第二期は天正八年（一五八〇）頃までに、小谷城下から南北の伊部町や上・中・下の呉服町、大谷市場や鍛冶屋町、さらに坂田郡箕浦から箕浦町が移住し、城下町のほぼ中心部が成立したと考える。ここで、第二期の造成について天正八年を基準に考えるのは、後で述べる愛知県半田市に伝来する血判阿弥陀如来《あみだにょらい》像を同年の成立と考え、そこに記載された町名が、第一期・第二期に造成された町だからである。

　第三期は、天正九年（一五八一）、小谷城下からの第二次移転によって、北町より北部の郡上町や知善院町などが形成されたと考える。一方、南部の南新町は、その「南の新町」という町名の由来からして、中心部より一時期遅れて成立していると見られる。したがって、南新町以南の造成は、第三期に当たる北町以前の造成と同時期と考えた方がよい。長浜町の町割を改めて見ると、北町以北と南新町以南は、街区の中央に空閑地を持たない、長方形地割を示しており、

郡上町通り

中心部（第一期・第二期造成部分）と構造が相違している。この点は、長浜町に第三期造成があったことを裏付けるものとなろう。

最後に寛永年間（一六二四～四四）に至って、町の北東部の「石田町」へ長浜城内から大通寺が移転し、その門前に西御堂前町と東御堂前町が整備され、現在まで続く長浜の都市景観がほぼ完成した。

竪町と横町　長浜の街路（両側町）の構造についてだが、城に対して「竪《たて》」に形成される「竪町」（東西通り）が、城郭に対して「横」に形成されている「横町」（南北通り）よりも優先している事実がある。たとえば、「横町」である県服町は、「竪町」である北町・魚屋町・大手町・本町にはさまれ、上・中・下と三つの町に分断されている。したがって、それぞれの町の成立は、先に北町・魚屋町・大手町・本町の「竪町」通りが形成され、その後呉服町が「竪町」の間を埋める「横町」として成立したと考えることができる。そもそも、本町・大手町は城下町形成の最初に造成されたことを予想させる名前であり、それらがいずれも「竪」通りであることは、「竪町」が「横町」より古いことを示していると言えよう。

一方、遅れて形成されたと考えられている「横町」には、他所から長浜城下に移転した町が多く含まれる。小谷城下から移転したと言われる大谷市場町・伊部町・郡上町・知善院町、中世箕浦庄の中心・八日市場（現在の米原市箕浦）から移転したと伝える箕浦町は、いずれも「横町」であった。さらに、小谷から移転したとの伝承がある寺院は、いずれも「横町」に立地していることも、「横町」が後続の町であることを物語っている。

建築学の立場から、幕末の元治元年（一八六四）の長浜町切絵図（長浜市長浜城歴史博物館蔵）を中心に、長浜の初期町割について復元的考察を行なった大場修氏は、現状の道幅が「横町」より「竪町」が広い点を指摘して、「竪町」優先論を支持している。その上で、正保《しょうほう》四年（一六四七）の絵図と、元治元年の長浜町切絵図を比較できる上船町を事例に上げ、正保には「竪町」に面していた角町《すみいえ》の家三筆が、幕末にはいずれも「横町」に面し、九十度向きを変えることを明らかにした。上船町を形成する「横町」は、いわゆる「北国街道」で、江戸後期に街道機能が発達し、秀吉時代以来の「竪町」優先が、部分的に修正され「横町」優先になったのではないかと結論している。この他、大型間口の有力商家が、「竪町」に多いという大場氏の指摘も、「竪町」優先論を補強するものとなろう。

小谷城の廃絶　それでは、このような近世長浜町の町割・街区は、果たして秀吉の時代までさかのぼれるのであろうか。長浜の城下町が小谷城下町を移した面があるとすれば、長浜城下町の成立は、小谷城下町の廃絶と密接に関係する。長浜城が完成し、秀吉が小谷城から移ったのは、第二章で述べたように、天正五年（一五七七）までと考えられる。さらに以下の文書を参照してみよう。

今度小谷町より、長はま江御引成《な》され候間、跡ニ居残者として、其屋敷方ともに作毛《さくげ》仕るべく候、又北国・東国おうかん（往還）に物（荷物）の儀、先々のことくつけ申すべく候、公儀てん馬の事、油断無く出《い》だし申すべき者也、

天正九

二月十日　　　次（花押影）

小谷惣中

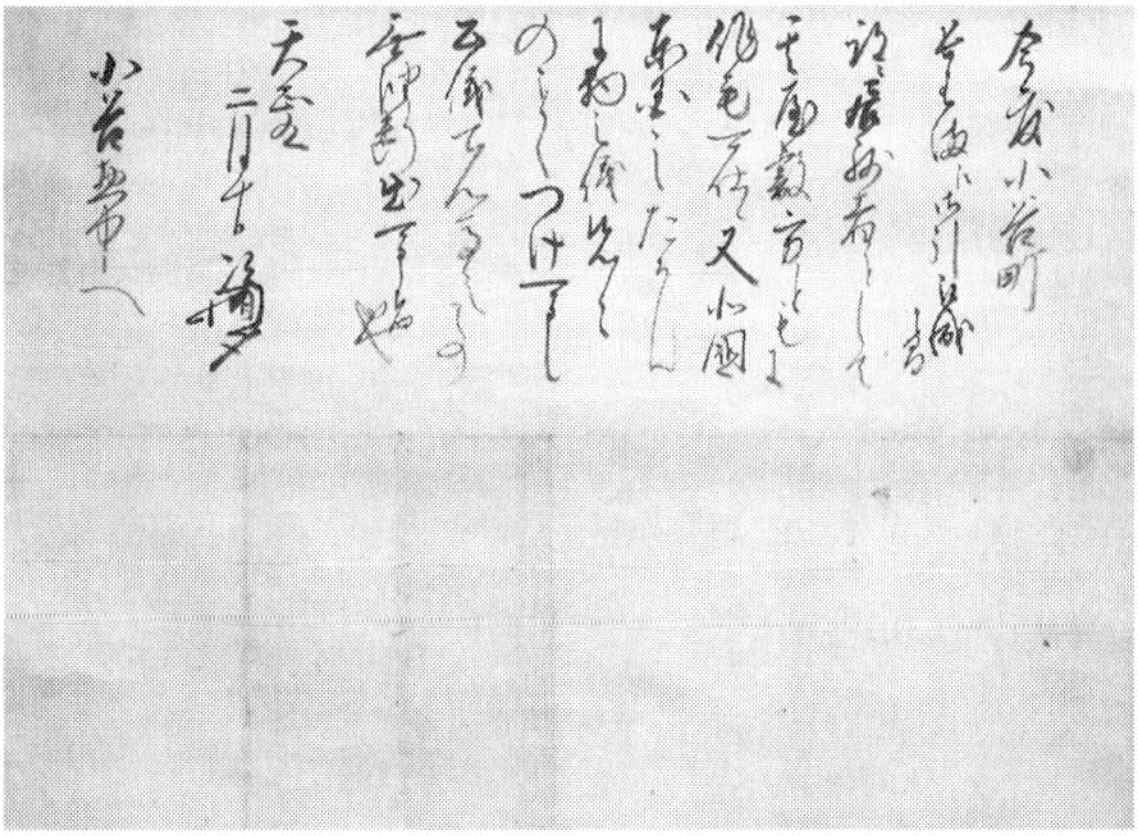

羽柴秀勝判物写　小谷惣中　長浜市長浜城歴史博物館蔵

本書は天正九年（一五八一）二月十日のもので、長浜城で秀吉に代わり、北近江の政治を行なっていた羽柴於次秀勝（織田信長の五男）から、小谷の町へ出された文書（長浜市長浜城歴史博物館蔵）である。多くの商人が長浜へ引越しを行なったが、居残った人々で耕作を行なうように命じている。おそらく、長浜への移住者の屋敷が耕地化され、その耕地を維持するために出された政策であろう。一方で、小谷を通る「北国街道」（後の「北国脇往還」）の公儀伝馬役《てんまやく》については、遺漏《いろう》なくつとめるように指示を出しているので、城下町としての機能は低下したものの、小谷の宿駅としての機能は維持されているようだ。

ここで重要なのは、小谷から長浜への城下町の移転が、天正九年(一五八一)にはほぼ終了していたという事実である。すなわち、長浜城下町の大谷市場・伊部町・郡上町といった、小谷からの移転町(「横町」)については、天正九年に町割が成立していたことになる。これらの事実は、近世から近代、そして現代へとつながる長浜の町割が、秀吉城主時代の産物である証拠となるであろう。

血判阿弥陀如来像　愛知県半田市亀崎町の浄顕寺に伝来する「血判阿弥陀如来像」二面(半田市指定文化財)は、浄顕寺四世の林正が本願寺に尽くしたことから、同寺に与えられたものと伝えられている。一方で、この二面の絵像には、長浜町の町名と、その住民の署名と血判があることが知られている。すなわち、一面には画像の表面に「伊部町」・「伊部本丁」などの町名と住人が墨書され、血判も押されている。もう一面には、画像の裏面に「西北町」・「中北町」・「東北町」・「瀬田町」・「箕浦町」・「金屋町」・「稲荷町」・「八幡町」の町名・住人と血判が見える。その墨書人名の総計は三百四十二人にのぼる。

信仰の対象である阿弥陀如来像に、署名・血判する行為は、強固な団結を誓う厳しい決意の昂揚《こうよう》がなければ行なわれないであろう。長浜の真宗門徒を、ここまで結束させた事件は、やはり天正八年(一五八〇)四月の大坂本願寺開城、それに門主顕如《けんにょ》の退出以外にはないと考えられる。

この時期、長浜を含む湖北の門徒たちは、徹底抗戦を唱える教如《きょうにょ》を支援しており、その団結を示すために作成されたのではと推定されている。

この推定が正しいとすれば、この阿弥陀如来像の町名墨書の記載年を、天正八年と特定することができ、それまでには上記の町が成立していたことになる。これらの町は、ほぼ城下町造成の第一期から第二期に成立した町に相当している。稲荷町のみは南新町以南で、第三期の造成と考えることもできるが、北国街道沿いである点を考慮すれば、第二期に成立していたと考えても矛盾はない。要するに、この「血判阿弥陀如来像」は、秀吉の長浜在城時である天正八年に、長浜町の主要部分の町割が完成していたことを示しているのである。

三　秀吉の城下町政策をめぐって

「こぼ」宛ての秀吉書状　羽柴秀吉が、建造途中の長浜城下町について出した文書として著名なのが、十月二十二日付の「こぼ」宛ての秀吉書状（河路文書、１０３）である。本書は三ヶ条からなるが、少し意訳して内容を紹介しよう。

長浜の城下町が建造されるなか、長浜に移住して来た町人について、秀吉は町屋敷の年貢・

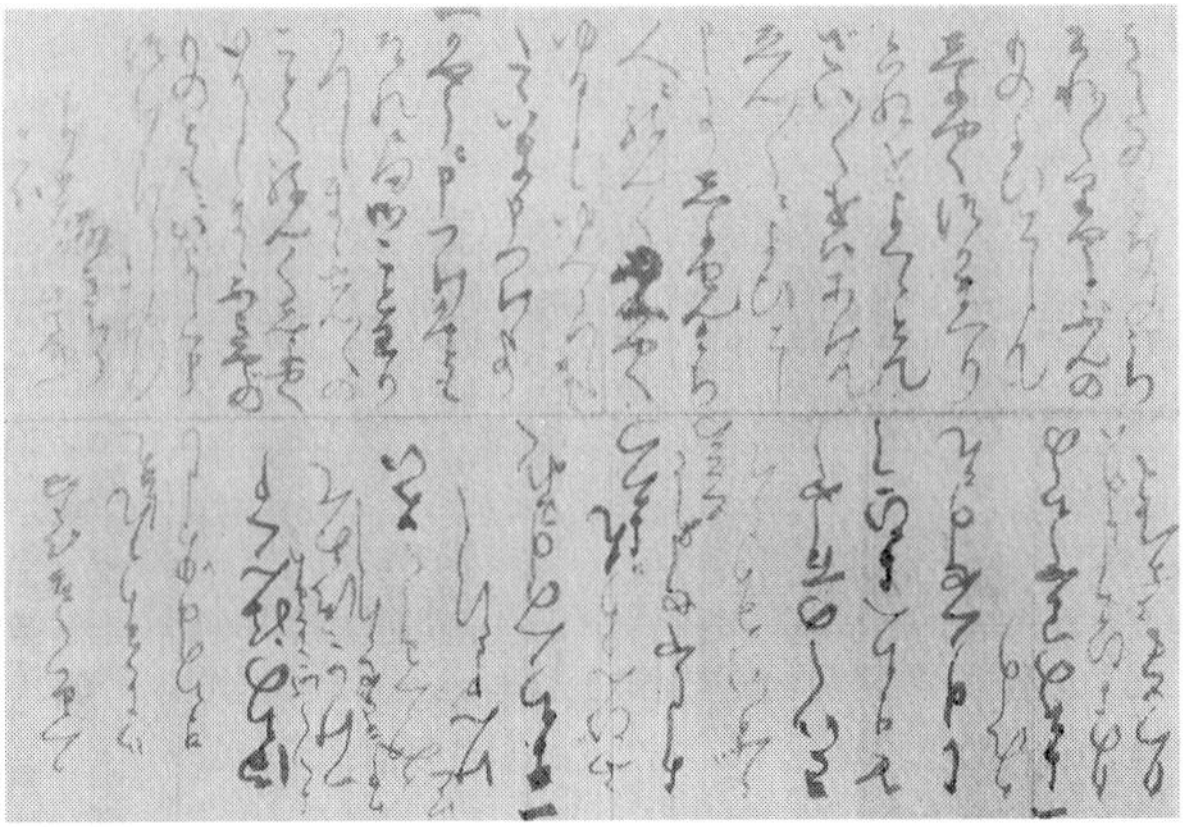

羽柴秀吉書状　こぼ宛　株式会社臨川書店提供

諸役免除の政策を継続して来たが、予想外に多くの周辺農民を呼び寄せる結果になった。北近江三郡に広がる秀吉の所領以外から、農民を呼ぶのであればいいが、領内の農民を年貢・諸役がないことをいいことに、長浜町へ呼び過ぎたら、村々の田地を耕作する者がいなくなる。そこで、長浜町への人口流入を食い止めるため、年貢・諸役免除を廃止しようと考えた。しかし、宛名の「こぼ」の主人から、前々のとおり年貢・諸役免除の政策を維持すべきと説得されたので、それを受け入れ、現場の奉行に対し先の免除政策を続けるよう命を下した。

　これが、本書状に書かれていることである。

「こぼ」の主人は誰か　では、宛名の「こぼ」とは誰か。当時、城主クラスになれば自らの妻女に宛てる手紙には、その名前をそのまま記さず、侍女の名前を書く慣行があった。したがって、宛名の「こぼ」は秀吉周辺女性の侍女ということになる。従来は、この「こぼ」は北政所

（ねね）の侍女と考えられてきた。しかし最近、福田千鶴氏は京都吉田神社の神主・吉田兼見《かねみ》の日記『兼見卿記』の天正十四年・十五年（一五八六〜八七）の記述の分析から、「こぼ」は北政所の侍女ではなく、大政所（なか）の侍女であったことを明らかにしたのである。たとえば、天正十四年正月十五日の同日記には、吉田兼見が北政所と大政所に「お祓《はら》い」を届けていることが記される。この時、北政所の取次は「東殿」が務め、大政所の取次は「こぼ」が務めたとある。

したがって、秀吉は妻の配慮ではなく、母の斡旋《あっせん》により年貢・諸役免除廃止の判断を覆したことになる。この話は、北政所を「糟糠《そうこう》の妻」とする根拠の一つになっていたが、その伝説が一つ崩れた形になる。逆に、大政所が長浜町の建造過程において、町民たちとの折衝《せっしょう》に大きな力を発揮していたことが読み取れる。大政所は秀吉家族が多く署名した「竹生島奉加帳」にも、その名前が見えているが、単に隠居生活を送っていた秀吉生母ではなかった。長浜に不在がちであった秀吉に代わって、町民たちの意見や要求を聞く立場にあったことを示している。

秀吉書状が出された時期　ところで、この文書には年号が記されていないが、「藤きちらうひて吉」と署名しているので、従来は天正三年（一五七五）七月以前、すなわち秀吉が「筑前守」を名乗る以前の「藤吉郎」時代の文書と考えられてきた。であれば、本書は十月二十二日付けなので、秀吉が北近江を統治し始める天正元年（一五七三）か同二年（一五七四）の文書となる。しかし、九月一日の小谷落城直後の天正元年は、長浜城下町の建設に着手していたとは考え難いので、天正二年の書状と見られて来た。だが、長浜城下町の建造が着手されたばかりの天正二年十月の段階で、長浜城下町への人口流入を問題視する事態を想定できるだろうか。

この疑問は、第五章で触れた秀吉の名乗りの変化を知ることで解消される。播磨良紀氏によれば、秀吉は「筑前守」の名乗りを使い続けるのではなく、天正六年（一五七八）十一月頃に「筑前守」から「藤吉郎」に戻し、それを天正九年（一五八一）七月まで使用し続けた。この「こぼ」宛て書状が、その二回目の「藤吉郎」期間の十月二十二日付けのものだとすると、天正七年か天正八年の文書と特定できる。この時期ならば、長浜城下町もある程度完成しており、周辺村からの人口流入が問題となっていてもおかしくない。秀吉が名乗りを「藤吉郎」へ戻した事実が判明したことで、本書は正確な年代が割り出されることになった。さらに、秀吉が建造した長浜城下町の成立経過についても、無理なく説明できるようになったと言えよう。

「藤吉郎」に戻した理由　北近江に領国を得た秀吉が、文書の署名に「藤吉郎」から、より上位の名乗りである「筑前守」を一度使いながら、再び「藤吉郎」に戻した理由を、播磨氏は以下のように説明する。

天正五年（一五七七）十月以来、黒田官兵衛や竹中半兵衛の活躍により、破竹の勢いで進めて来た秀吉の播磨攻めに、天正六年（一五七八）二月になると黒い影が射した。播磨三木城の城主・別所長治が、毛利氏に内通して信長から離反したのである。さらに、四月に入ると毛利・宇喜多勢が播磨に侵入し、秀吉方の尼子勝久・中山鹿之助が籠る上月《こうづき》城を包囲した。秀吉は三木城攻めと上月城救援の二方面作戦を迫られたが、結局信長の命により、上月城を見殺しにして三木城包囲に専念せざるを得なかった。そして、同年十月に至ると秀吉が中国攻めに入る以前より、信長から播磨計略を任されてきた摂津の荒木村重が信長に背く。これで、一度は信長領国となった播磨国は、大混乱に陥ることになる。

黒田官兵衛は、荒木氏の居城であった有岡城に向かい説得工作を試みるが、逆に荒木によって幽閉されてしまう。信長に従っていた官兵衛は、竹中半兵衛と共に羽柴軍の一員として戦闘を行なう秀吉の寄子《よりこ》であった。信長から預けられた家臣である官兵衛が、毛利・荒木方に捕らわれたという事実は、その寄親《よりおや》とも言える秀吉の責任は避けられないものとなった。事実、信長は官兵衛が荒木・毛利方に翻意したと考え、秀吉に預けていた官兵衛の子息・松寿《しょうじゅ》の殺害を命じた。長浜城で信長の人質となっていた松寿は、竹中半兵衛の機転により殺害を免れたが、この官兵衛の遭難は、秀吉の出世へも影響を与えかねない大事件だった。

「筑前守」という官途を棄てて、「藤吉郎」という通称に名乗りを戻したのは、官兵衛遭難があった十月の直後であった。順調だった播磨攻略が一変して、織田方に不利な状況に陥った責任を秀吉が感じて、名乗りの降格を決断したと考えられる。秀吉の天下統一には、多くの試練があったと推定されるが、この播磨攻めの躓《つまづ》きも、秀吉の出世にとっては、間違いなく大きな危機の一つだった。天正九年(一五八一)に入ると、秀吉は「藤吉郎」の名乗りを、再び「筑前守」に戻す。この時期における、秀吉の置かれた状況の変化を特定するのは難しいが、中国攻めの難関の一つであった、山陰の因幡《いなば》攻めに目途が立ち、再び秀吉が信長からの信頼と、自信を回復した時期とも考えられる。

このように播磨氏の研究により、「こぼ」宛ての秀吉書状は、秀吉の長浜城下町造りの経過と、彼の人生の機微を我々に伝えてくれることが分かった。それにしても、昭和の初めに長浜の河路氏蔵と確認されて以来、原本が現在行方不明なのが惜しまれてならない。

四　長浜町城下町遺跡の調査成果

第一次調査の概要　現在長浜の旧市街地については、「長浜城下町遺跡」の名称で「周知の遺跡」として登録されており、行政発掘の調査対象地となっている。平成三十年八月の段階で、一九五次に及ぶ発掘調査が行なわれているが、その中で大きな成果が得られているのが、第一次・第二次の調査である。

第一次調査は平成八年に行なわれた、旧西本町の町年寄・下村藤右衛門邸の発掘調査である。場所は、現在の滋賀銀行長浜駅前支店の場所に当たる。下村家は近世長浜の十人衆・三年寄を務めた有力商家で、秀吉の城下町造成以前の今浜村時代からの住民と言われている。第一次調査の調査対象面積は、東西に長い約一〇九九平方メートルで、その内地下掘削をともなう北側の約五〇〇平方メートルが発掘調査の対象となった。この敷地には、大正四年(一九一五)になって、財団法人下郷共済会の文庫(図書館)が建造されたが、それ以前に下村邸は解体されたと考えられる。

長浜城下町遺跡第一次調査出土遺物
長浜市市民協働部歴史遺産課蔵

城下町時代の遺構　この遺跡からは、四時期の遺構面が確認され、その内城下町建設当時の遺構と見られる、最下層の第四遺構面（地表下約一・二メートル）において大きな成果が得られた。検出された遺構は、側柱礎石列・石組溝・石組井戸・木戸・土蔵跡等で、全体に二〇〜五〇センチほどの焼土層に覆われていた。この焼土層は、山内一豊が長浜城主だった天正十三年（一五八五）十一月二十九日に起きた、天正地震直後の火災によるものと見られている。すなわち、第四遺構面は、天正十三年以前のもので、天正二年頃から造成された秀吉城下町の遺構面と言えるのである。

注目すべきは、この遺構面には側柱礎石の状況から、三軒の町家が確認されたことである。その内、下村邸と目される町家の敷地は、東西（間口）約二四・三メートル、南北（奥行）最大約四〇メートル、面積約九一一平方メートルを測る。但し、発掘調査対象となったのは北半分で、南半分は駐車場となるため現状保存の措置が取られた。北東部の角地に土蔵を設け、庭と考えられる空間を挟んで西には、間口約八・九メートル、奥行約一七・三メートルの建物を配している。

庭の南辺からは、井戸と木戸が検出されている。木戸は南(未調査部分)に存在する母屋への入口に当たると考えられている。西側の建物は当初、町屋と見られていたが、出土遺物から茶室と考え直されている。建物跡・土蔵跡からは多数の国内外の陶磁器類が出土し、土蔵跡から出土した「灰匙《はいさじ》」など、茶道具も多く見られた。秀吉在城当時の長浜町人の生活が垣間見られ興味深い。

町家の向き 三軒の建物の間口は、出土した側柱礎石列から、北の本町側(「竪町」側)を向いていることが分かる。しかし、正保四年(一六四七)の上船町切絵図(長浜市長浜城歴史博物館蔵)に見える下村邸は、北国街道側(「横町」側)に向きを変えている。この事実は、秀吉の城下町時代は、「横町」より「竪町」が優先していたとする、先述した都市構造論に合致する。江戸初期になって、下村邸が北から東へ間口を変えるのは、長浜の町が「城」への求心性を持つ「城下町」から、流通を担う「街道」を重視する「商人町」へ変貌《へんぼう》していった証と言えるであろう。

ここで重要なのは、発掘された三軒の建物は、現在の街区と同じ都市構造上にのる事実である。具体的には側柱礎石の向きが、現在の街区プランに対して、直角か並行であることに注意したい。これは秀吉による城下町が、現在の町並と重なる都市プランであったことを実証している。

第二次調査は平成十年に行なわれた、曳山博物館建設用地を対象としたもので、五三八平方メートルについて発掘調査が行なわれ、遺構面は二面確認された。下層の第二遺構面からは厚さ四〇センチに及ぶ焦土が確認され、この部分に天正地震の被害が及んでいることが確認されている。あわせて、この層が秀吉城下町時代のものであることを示している。

第二遺構面からは、礎石列や溝によって建物の区画が確認でき、これが第一遺構面の石組溝による、建物の区画と重なることが分かる。第一遺構面は、近代の町割を示すので、ここでも秀吉の城下町の町割が、近代まで継続していたことが実証されたことになろう。

五　長浜城下町の評価

中世都市に規制されない城下町　以上のように、長浜の近世・近代につながる町割は、秀吉が在城期間に造成した城下町を基《もと》としていることが、ほぼ明らかになったと思う。その整然とした、中心部の正方形地割、南北端の長方形地割、そして短冊型地割の屋敷地は、同じ時代に造成された安土などに比しても、きわめて先進的・近世的な構造を持っている。近世城下町の成立過程の中では最古級で、近世城下町としては古さと完成度の高さにおいて「異様なる突出」を示すと考えてよいだろう。

一方、城郭との関係を見ても、外堀によって城外の城下町と、家臣団屋敷を含む城内を明確に区分している点など、信長から秀吉に受け継がれた近世城下町としての先進性を示していよう。この先進性は、何に起因するものなのであろうか。

第一に、長浜城下町が造成された今浜周辺には、先行する確固とした中世都市が存在しなかったことが挙げられよう。信長の岐阜や安土での町立《まちだて》は、先行する中世都市に規制されたと見られるが、長浜では八幡宮の社地を移転し何も規制される条件がないなかで、当地を統治した領主が、理想とも言える城下町プランを具現できたのである。

秀吉は城下町構造でも日本を席巻した　第二に、秀吉及び信長の都市計画が、最も早く具現された都市であった点である。近世都市の発展は、その都市構造において、多様な可能性があったと思う。しかし、信長・秀吉が天下統一を果たしたことにより、その系統の都市計画や構造が、日本の城下町プランを規定してしまった。秀吉が長浜城主として行なった諸政策は、都市計画以外の農村政策であっても、その後の日本の政治・社会システムに大きな影響を与えていく。つまり、秀吉が天下統一を行なったのは歴史的必然ではないが、秀吉の天下統一という事実を前提とすれば、彼が信長家臣時代に懐いた諸政策が近世社会のスタンダードとなったのは、歴史的必然と言えるだろう。

長浜の町割における先進性は、秀吉が長浜での都市計画を見本として、全国の都市計画を推し進めていった結果と考えることはできないだろうか。

第七章　秀吉が与えた朱印地

一　長浜町衆と朱印地

長浜扇の「朱印地」　長浜扇なるものがある。江戸時代に使われたもので、長浜の町年寄が、幕府の巡見使や彦根藩の役人が長浜町を訪れた時、その質問に即答できるよう町の来歴・現状をまとめた備忘録である。扇であれば、応対に出た時所持していても、不自然ではないという配慮であろう。内容はちょっとした町勢要覧とも言える。長浜町にはこの扇が複数存在した。

扇面には両面に墨書がある。最初に、彦根藩の町奉行の名や、歴代城主について記す。その後に、長浜町は五十二町から構成されており、三十六町が「御朱印地」であり、十六町が「御年貢地」であると記している。そして、「御年貢地」には宮村領が五町、瀬田村領が十一町あると続ける。つまり、村落に編成されている所が「年貢地」で、それ以外が「朱印地」ということになる。第六章でも詳しく述べたが、この「御年貢地」は主に長浜五十二町の南と東に多い。

ここで、江戸時代の長浜町が、土地制度上「朱印地」と「年貢地」の二つで成り立っていた

朱印地石柱（翁山山蔵の前）

ことに注目しよう。「朱印地」とは年貢免除地を指すが、ここでは時代をさかのぼって、その来歴と町にとっての意味を考えてみよう。

長浜町衆と秀吉　本能寺の変・山崎の合戦・清洲会議を経過し、織田信長亡き後の後継者争いで一歩先んじた羽柴秀吉は、その最終的な決着をつけるため、天正十一年（一五八三）四月二十日・二十一日、余呉湖周辺で柴田勝家と戦う。この賤ヶ岳合戦で、長浜の町衆は大いに秀吉のために活躍したと、元文三年（一七三八）に成立した『長浜記』は記す。木之本まで兵糧や馬の飼料を運び、砦の土木工事にも人夫として参加したと言う。めでたくこの合戦に勝利した秀吉は、長浜の町に褒美として町屋敷年貢三百石を免除し、その証拠に黒印状を与え、やがて黒印状は朱印状に変えると述べたと言う。

しかし、この記述は二重の誤りがあり、明らかに後世の偽作である。まず、第一点は多くの秀吉文書が残る中、秀吉が出した黒印状は、現在一通も確認されていない。つまり、秀吉は黒印状を出していないのである。これに対し、織田信長は「天下布武」と刻まれた朱印状と黒印状の両方を出している。おそらく、信長の文書様式などと混同した結果であろう。

黒印状がないとすると、賤ヶ岳合戦の戦功によって、長浜町へ三百石の年貢免除地が初めて与えられたという話自体、事実とは認められなくなる。実は、それより以前、秀吉の長浜城主時代から、当地への年貢免除はなされていたと考えるべきなのである。誤りの第二点目は、この点にある。第六章で紹介した、秀吉が母の大政所付きの侍女と推定される「こぼ」に宛てた書状には、秀吉長浜城主時代の天正十年（一五八二）以前に、長浜町の年貢免除が行なわれていたことを証明するものであろう。したがって、賤ヶ岳合戦の際に、初めて年貢・諸役免除を認められたという『長浜記』の記述は信用できない。

織田・豊臣政権の都市政策　言うまでもなく、秀吉が長浜に年貢・諸役を免除したのは、織田・豊臣政権の都市政策の一環であった。両政権は領土拡張にともない、旧支配者の「縁」を断ち切るために、以前の城下町とは別の場所に町を建造する。そして、新城下町へ商人・職人を多く集めるため、「楽市楽座令」を発した。美濃加納や安土で見られた「楽市楽座令」は有名であるが、長浜での年貢・諸役免除も、「楽市楽座令」の一環とみてよい。新造された長浜に町民を集める政策が、この年貢・諸役免除だったのである。

人を集めるためだけなら、この施策は開町時のみでよい。しかし、江戸時代を通して存続していく理由は、織田・豊臣両政権による都市の位置づけが背景にある。江戸時代の基《もと》を創った両政権は、都市と農村の区別を明確にすることを目指した。都市は武士が居住し消費者が集まる地域、農村は農民が住み生産者が暮らす地域という住み分けである。これは、身分レベルでなされた兵農分離策を、居住地という空間レベルでも明確にしようとする政策である。そこで、両政権は農村を徴税単位として認識したが、都市から徴税することを期待しなかったのである。

三百石朱印地の変遷　天正十九年（一五九一）五月九日、前年に小田原北条氏を滅亡させ天下統一を果たした豊臣秀吉は、長浜の町に「町屋敷年貢米三百石」を免除すると記した朱印状を交付した。近江国では秀吉政権による、太閤検地が徐々に進められていたが、それが一段落したこの年、一斉に年貢免除を認める朱印状が、寺社を中心に出されている。ここで、長浜八幡宮・知善院などの寺社への朱印地と同じく、長浜町の年貢免除地も、朱印状で保証された「朱印地」として、制度的に認められたことになる。

残存する朱印地境界石柱

番号	石柱銘	現在の所在地	
1	従是西長濱領	朝日町月宮殿山蔵前の橋の下	当初
2	従是南長濱領	大宮町妙法寺西駐車場	紛失
3	従是南長濱領	長浜城歴史博物館（旧大通寺長浜教務所裏）	移動
4	従是南長濱領	翁山山蔵の前	当初
5	従是北／西長濱領	朝日町松岡製靴店の脇	当初
6	従是西長濱領	慶雲館内（奥）	移動
7	従是北／西長濱領	慶雲館内（入口すぐ）	移動
8	従是南長濱領	豊国神社内	移転
9	従是東／南長濱領	長浜城前庭（旧豊国神社内）	移動
10	従是北長濱領	豊国神社内	移転
11	従是南長濱領	長浜幼稚園内	移動
12	従是北／西長濱領	朝日町下郷邸内	移転
13	従是北坂田郡三ツ屋村領	朝日町下郷邸内	移転
14	従是南長濱領	安藤家庭	移動
15	従是北／西長濱領	地福寺町個人宅	移動
16	従是東長濱領	西別院内	当初
17		奥沢邸内（未確認）	

※⑮⑰は地図外。

朱印地境界図

この朱印地は江戸時代に至っても存続し、幕末まで維持された。慶安四年（一六五一）には彦根藩による検地の結果、朱印地が四十三石余不足していることが判明し、彦根藩主井伊直孝の命で、中鞴《なかたたら》町内において補充されている。同時に、朱印地と年貢地の境界を明確にするため、町内に境界石柱が建造された。その数は、朱印線上に二十六本ほどあったとされる。

現在はその多数が失われ、位置も不明な箇所が多い。境界石柱の内、現存するのは十六本。なおかつ、その多くが本来の位置から移転されており、本来の場所に立つのは四本に過ぎない。平成十六年、市民による募金活動である「秀吉公ゆかりの石碑・石柱建立事業」により、計三十一ヶ所に境界石柱の復興が行なわれ、境界石柱の解説板も新設された。この境界石柱をたどることで、秀吉が設定した朱印地の範囲を知ることができるようになった。

二　朱印地と年貢地

朱印地の意味するもの　話は少々変わるが、江戸時代の長浜では、開町の恩人である秀吉を祀《まつ》ることは、主に知善院で行なわれていた。寛政七年（一七九五）には秀吉の二百回忌が行なわれ、弘化四年（一八四七）には秀吉の二百五十回忌が挙行されている。それらをさかのぼる元禄十五年（一七〇二）には、「地子報恩講」によって観音堂が建立され、観音像の開帳が行なわれた。

この講は、直接的には現在重要文化財となっている木造十一面観音坐像を納める堂を建立した記念に創設されたものであるが、実態はその「建立記」にも記されているように、秀吉からの三百石年貢免除を感謝する目的があった。実際、この観音堂には神になった秀吉を示す「豊国大明神」の掛軸が祀られた。観音堂はカモフラージュであり、実態は年貢免除を感謝する豊国大明神堂の建立であった。

木造十一面観音坐像
知善院蔵

この建立事業では、町年寄吉川三左衛門をはじめ、長浜町内の有力者百三十七人が奉加に加わっていることが「建立記」から読み取れる。その内の三十九人によって、「地子報恩講」が組織され、「願主」として名前が見えている。地子免除への報恩が、長浜における秀吉信仰において、大きな位置を占めていたことを確認できる。

また、町年寄吉川家に残った『要用書』に載る文久二年（一八六二）正月の記事に注目すべき記載がある。そこには、町年寄たちによる正月会合の様子が記されている。床に秀吉像を祀《まつ》り、三百石免除朱印状等を納めた朱印箱に鏡餅を備え、秀吉の恩に報いる行事を行なっていたという。朱印箱に納められた朱印状は十二通に及ぶが、その中心はもちろん三百石年貢免除朱印状である。

江戸時代の長浜町人にとって、朱印地は秀吉が長浜町に行なった政策のシンボルであり、さらには町の発展の礎《もとい》と認識されていた。そして、秀吉信仰の柱ともなっていく。朱印地は、それが直接的に与えた経済的効果より、長浜開町と発展の象徴として、ひいては自治のシンボルとして、町人に与えた精神的効果の方がはるかに大きい。

町内の年貢地十六町　長浜旧五十二町は、そのすべてが朱印地の中に含まれない。当時の町政要覧と言える「長浜扇」には、年貢免除地となる「御朱印地」が三十六町、年貢免除とならない「御年貢地」が十六町と記していた。この朱印地外の十六町は、江戸時代の土地制度上は、「村」に編成されることになる。江戸時代の年貢は、「村」ごとに集められた。これを村請制《むらうけ》というが、逆に「村」がないと年貢を収納できないことになる。だから、年貢地であれば、必ずどこかの「村」の一部となっていた。以下に五十二町の内、年貢地を列挙し、どの村に属するかを記してみよう。

瀬田村
稲荷町・十一町・小舟町・船片原町・上田町・中田町・下田町・片町・金屋町・金屋新町
以上十町

宮村
宮町・十軒町・東御堂前・西御堂前　以上　四町

三津屋村
三津屋町・北出町　以上　二町

「町」の中の「村」　これで、合わせて十六町となる。しかし、この十六町でよいかは、実は

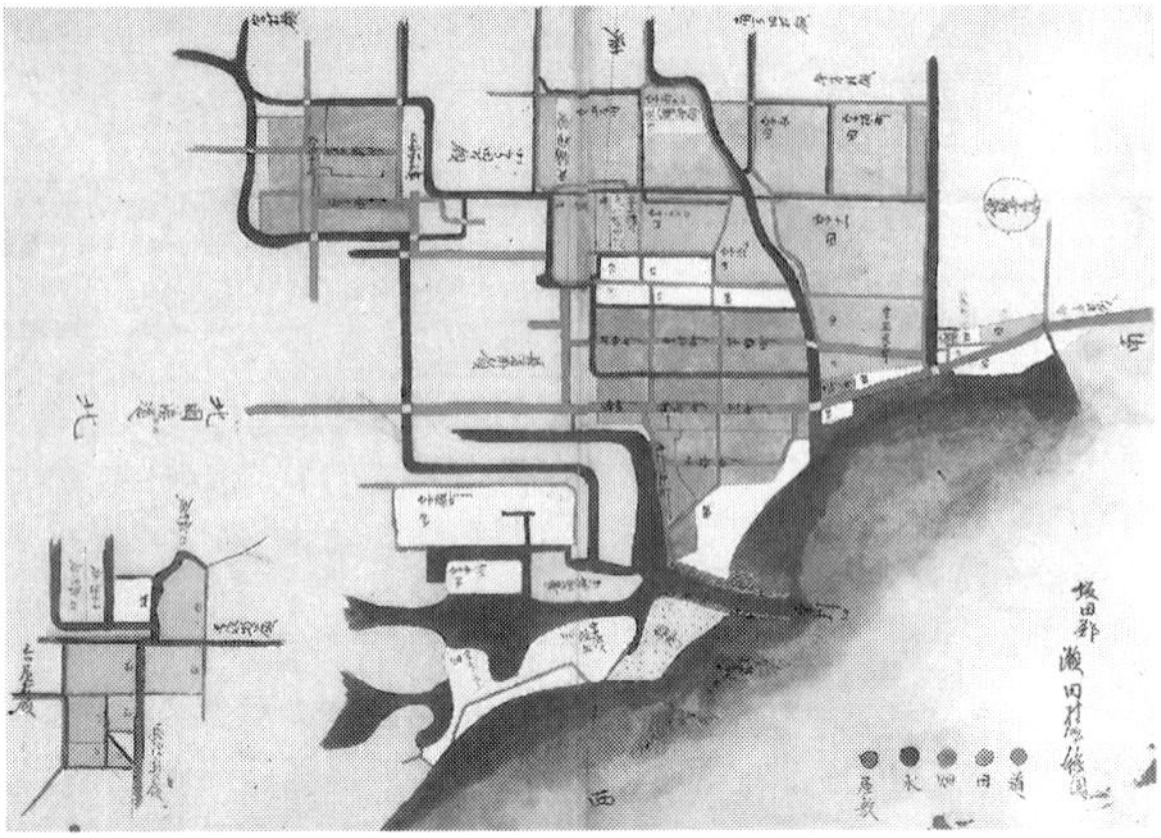

瀬田村絵図　長浜市長浜城歴史博物館蔵

私も自信がない。問題は、大通寺西の三津屋町である。一二七ページの地図を見ても分かるように、三津屋町は朱印地と年貢地が入り交ざっている。町の南部が三津屋村領（年貢地）であるのに対し、その北部は朱印地となる。同じように、同一町内で朱印地と年貢地が交じり合うのが下船町。南部は瀬田村領（年貢地）であるのに対し、北部は朱印地である。先の分類では、下船町は朱印地として扱ったが、この入組を重視すれば、年貢地に分類することもできる。したがって、「長浜扇」の記述は正確ではなく、朱印地が三十五町、年貢地が十五町、両者入組が二町と表現するのが、一番実情にかなっている。

　この年貢地十五町と入組二町は、自治制度の上では長浜町に含まれる。しかし、土地制度上は長浜町外で、長浜町の周りに複数存在した「村」に含まれることになる。実態は「町」でありながら、制度上は「村」であるという、実に複雑な様相を呈した。これら長浜町周辺の「村」は、町民の農地と考えてよい。「村」であれば集落があるのが常識だが、これらの村々には通常の農家が並ぶ集落はない。瀬田村は、先に紹介した稲荷町以下の十町が集落である。長浜町には農家も存在したのだ。また、年寄を中心とする上層町人は、耕地を町の周辺に持ち、それを小作に出すことも多かったのである。つまり、周辺の「村」の耕地を持つ作人が、長浜町内に住んでいた。その意味では、長浜町は周辺「村」の村人が住む集落とも解せる。

三　朱印地の復元

長浜町の西から北へ　ここで、朱印線の復元を試みる。朱印線は、今紹介した長浜町の周辺村と、「長浜領」と呼ばれた朱印地の境界を示す線でもある。先の「秀吉公ゆかりの石碑・石柱建立事業」で、失われた朱印地境界の石柱を再興するが、その基礎作業として、朱印線の復元作業が行なわれた。現在の住民にとって、朱印線の記憶は皆無に近い。その復元は、伝承に拠ることはできず、江戸時代に記された絵図が唯一の頼りで、絵図上の朱印線を現在地に当てはめた。

復元された朱印線を、西から時計周りに歩いてみよう。朱印地と長浜城跡の「村」との境は、

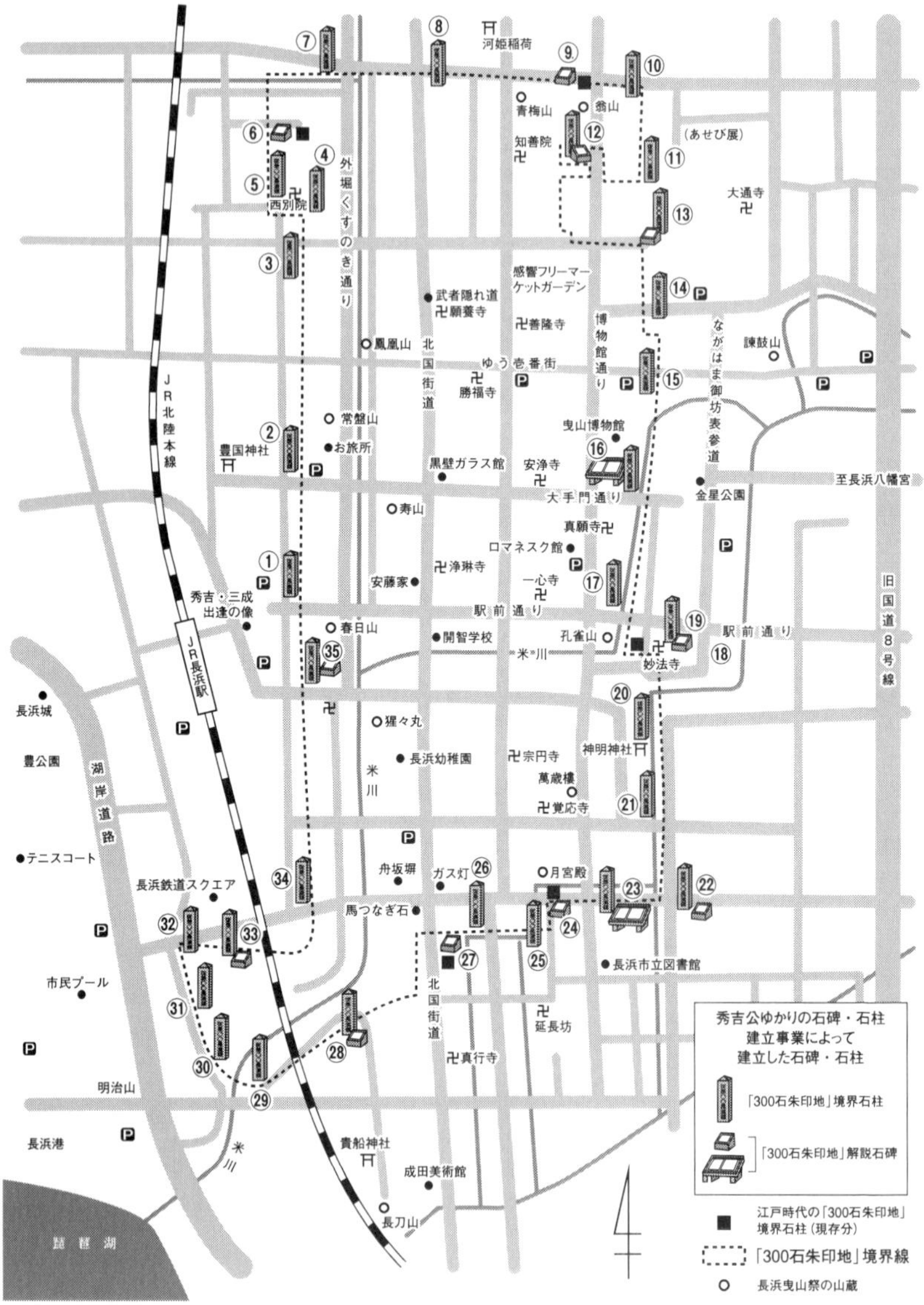

「秀吉公ゆかりの石碑・石柱建立事業」による復元朱印石柱図

城を囲む外堀（内側の外堀）の東岸となる。逆に朱印地側から言えば、長浜五十二町の一つ・中鞴町の西端を南北に通っていた。現状に即せば、お旅所の西側の境界を南北に伸ばした線になる。駅前では「えきまちテラス長浜」の真下を通っていた。この線は、北に上がり西本願寺の長浜別院の前で、堀と共に少し西へ曲がり、別院境内を北へ突っ切る形で、朱印地の北西角に出る。この間、別院内には朱印地境界を示す「是より東長浜領」と記された江戸時代の石柱が現存している。

朱印地の北は、三津屋村との境界となるが、現在とは景観が異なる。朱印線は、花玄から青海山の山蔵北を通過して、長浜信用金庫三ツ矢支店に至る道路の南側を通っていた。絵図をよく観察すると江戸時代には、その朱印線の南に川が流れ、さらにその南に道路が通っている。長浜信用金庫の前に、翁山の山蔵があるが、そこに境界石柱が現存しており、「是より南長浜領」と刻まれている。そこから一軒分東へ行った所が、朱印地の北東角で、朱

曳山博物館東側の米川

印線は南下を始める。

長浜町の東から南へ　この三津屋町周辺で、朱印地と年貢地は複雑な入組を見せる。絵図には「四十八間二尺」等と朱印線の長さが記されており、それを基にこの複雑な入組を復元した。たとえば、三津屋町の東側にある三ツ橋材木店では、屋敷の北側が朱印地、南側が三津屋村領となり、絵図から復元した朱印線は、その屋敷の中央を通過する。三津屋町の入組は、朱印地を三百石の面積に合わすための微調整がなされた結果と考えられる。

朱印線は曲がりながら南下を続け、袋町の東側から、北伊部町の北を通過して、大通寺の西門の所で再び南下する。現在もある水路に沿って少し東へ屈曲しながら、三谷旅館の東端を南下して、米《よね》川の東岸をさらに南へ進む。曳山博物館の東から米川に沿って南下、駅前通りを越えて、片町の妙法寺の門前で東へ折れる。そして、妙法寺の境内で今度は南へ折れ、武徳殿前を通り図書館の四つ角に出る。ここが、朱印地の南東角に当たる。この間、妙法寺門前には「是より南長浜領」とある境界石柱が現存していたが、近年の住宅工事で行方不明となった。

ここから朱印線は、西に向かう瀬田村との境界を行く。図書館の北を川に沿って通り、月宮殿の山蔵前で、少し南へ折れる。この場所には、道路下の暗渠《あんきょ》中に、「是より西長浜領」とある境界石柱が現存する。山蔵の南側の水路に下りて、暗渠をのぞくと石柱が見える。もし、実際に見に行く場合は、くれぐれも川に落ちぬように。

史跡としての朱印地　朱印線は川に従って西に向かい、上田町の北端を通過して北国街道に出る。ここにも、「是より北西長浜領」と記された石柱が現存する。朱印線は、下船町内を複雑に通過して、小舟町の北から船片原町の道へ出る。それを、さらに西へ向かい米川を渡ったあたりが、朱印地の南西角となる。慶雲館の西の境界を、今度は北へ上がり、天理教教会の北西角で東へ折れ、最初に述べた外堀東岸の南北線に合流することになる。南北約一キロ、東西約五百メートル、約三キロに及ぶ朱印線めぐりは終了した。

長浜町が秀吉から与えられた朱印地は、現存する四本の石柱が、その区域を伝えるのみである。平成十六年、市民の浄財で実施された「秀吉公ゆかりの石碑・石柱建立事業」では、計三十五ヶ所について、石柱の復興を行なったり、解説板が設置された。朱印地は江戸時代の長浜町民が、その自治のシンボルとして大切にした記念物であった。その意味では、曳山と同格と言ってよい「文化財」と言える。長浜町が長浜市となり、さらに広域に広がるとしても、長浜の長浜たる所以の地として、朱印地の「史跡」としての価値は永遠に記憶に残していきたい。

豊臣秀吉像　塩川文麟画　長浜市長浜城歴史博物館蔵

第八章　長浜の旧町名と城下町

一　町名の変遷

自治体としての五十二町　羽柴秀吉は、浅井氏を滅亡させた翌年、天正二年（一五七四）頃から長浜の城下町の建築を開始する。秀吉が城下町を造った当初、長浜の町は四十九町で構成されていた。その後、「大手片原町」が北・中・南に分かれ、長浜城内であった「中鞴町《なかたたらちょう》」が、新たに町域に加えられることで、江戸時代初期には五十二町から構成される町組が成立した。この町組は、明治十二年（一八七九）に至るまで変化なく、現在も自治会名として残っているもの、長浜曳山祭の山組名となっているものも多く、今も長浜市民にとって馴染《なじ》み深い地名になっている。

江戸時代において、五十二町の単位は、町代《ちょうだい》と横目《よこめ》（町代補佐）を出す独立した自治体であった。つまり、五十二町内の「大手町」や「紺屋町」という単位は、農村部の「平方村《ひらかた》」とか「常喜《じょうぎ》村」と同等な共同体・自治体として扱われたことになる。町代は、村落部で言うと庄屋に当たり、独自に戸籍や行政文書を管理した。だから、江戸時代の五十二町は、単なる地名ではない。れっきとした行政区域であり、自治組織であったのである。

五十二の町は、秀吉在城時代に編成されたという十組にまとめられ、各組からは当番・総当番が出された。五十二町、十組は、さらに長浜町全体の祭政を司る町年寄三人（十人衆から選出される）によって統括されていた。彼ら年寄は、長浜町の領主となった彦根藩との交渉を担い、長浜町全体の自治に責任を持った。この長浜町全体の自治組織の基盤として、五十二の町組が存在したのである。

明治初年の吉祥地名　長浜の市街地では、五十二の旧町名を復活すべきだという声も根強くある。その際、よく混同されるのが、明治十二年（一八七九）に成立した町名である。五十二町の中で、二～四町を合併したものだ。この時成立した新・大手町のように、旧五十二町の「大手町」と「大谷市場」を合併して、単に区域が大きくなった町もある。しかし、多くの場合、五十二町を複数合併することで、新しい地名が成立した。「相生《あいおい》町」・「祝《いわい》町」・「錦《にしき》町」・「永保《えいほ》町」・「栄船《えいせん》町」などである。

これらの地名には、自治会名として現在も使われているものもあり、混乱を避ける意味でも、

相生町会館

今後も使用していくべきだと思う。しかし、残念ながら地名のつけ方としては歴史性・地域性が乏しく、あまり感心できない。先に上げた「相生町」以下の五町は、いずれも吉祥地名である。今で言えば、「自由が丘」・「希望が丘」・「緑が丘」という地名に当たる。その土地と縁もゆかりもない、めでたい語句を並べた町名だからだ。

それぞれが、いかなる意味でめでたいかは、逐一説明する必要はないだろう。たとえば、「相生」は「共に年久しく長らえる」ことの意味。「永保」は、町の繁栄が「永く保たれる」ことを祈ったものであろう。「旧地名の復活」と言った場合、私が推奨するのは、これら明治の吉祥地名のことではない。長浜開町以来の旧五十二の町名である。これらこそ、長浜の歴史が刻み込まれた「歴史遺産」であり、永遠に残し活用していきたいものだ。そして、消えつつあるからこそ、その運動は急務である。

新住居表示による地名　現在、五十二町の区域は、南呉服町・元浜町・大宮町・朝日町などの町名になっている。これらは、昭和三十九年（一九六四）から四十年にかけて実施された新住居表示によるもので、すこぶる評判が悪い。その理由は、郵便配達などの利便性を優先し、一方的に命名されたもので、歴史性・地域性をともなわないからである。地名というのは、長い年月をかけて市民権を得てきた歴史があるもので、それを利便性や効率性を理由に簡単に否定・改変すべきではなかった。さらに、地名にはその地の歴史が刻まれている。古来の地名を消し去ることは、人間で言えば姓名を損なうことに等しい。地名はその土地の個性を表わすものなのである。

もう一点、新住居表示の欠点を上げれば、街区ごとに町名や番地をつけていることである。これは、都市では一般的ではあるが、主に道で囲まれた街区を一単位とするため、町や番地の境が道の上にくる。したがって、道をはさんだ両側が違う町名・番地となる。旧町名の五十二町は、町通りを単位として町名がつけられている。つまり、町と町の境は、町家の裏側に設定されることになり、通りをはさんだ家々は同じ町となる。町通りを行き交うことが通常の我々にとって、道をはさんだ両側が同じ町である「両側町」の方が合理的で、かつ人間的であることは明白であろう。

二　町名の起源

由来と分類　長浜の旧五十二町を「町の歴史」と位置づけた場合、その町名の由来を考えてみる必要がある。そこから、各町の成立過程を読み取ることができるからである。私は五十二町を、その命名方法から次の六つに分類できると考える。

Ａ　居住者の職種が名前になった町
Ｂ　居住者の出身地が名前になった町
Ｃ　長浜町内での位置が名前となった町
Ｄ　町の形状が名前となった町
Ｅ　町内に所在または隣接する寺院・神社・川が名前となった町
Ｆ　付近の旧地名が名前となった町

それぞれの分類ごとに、町名を紹介しよう。

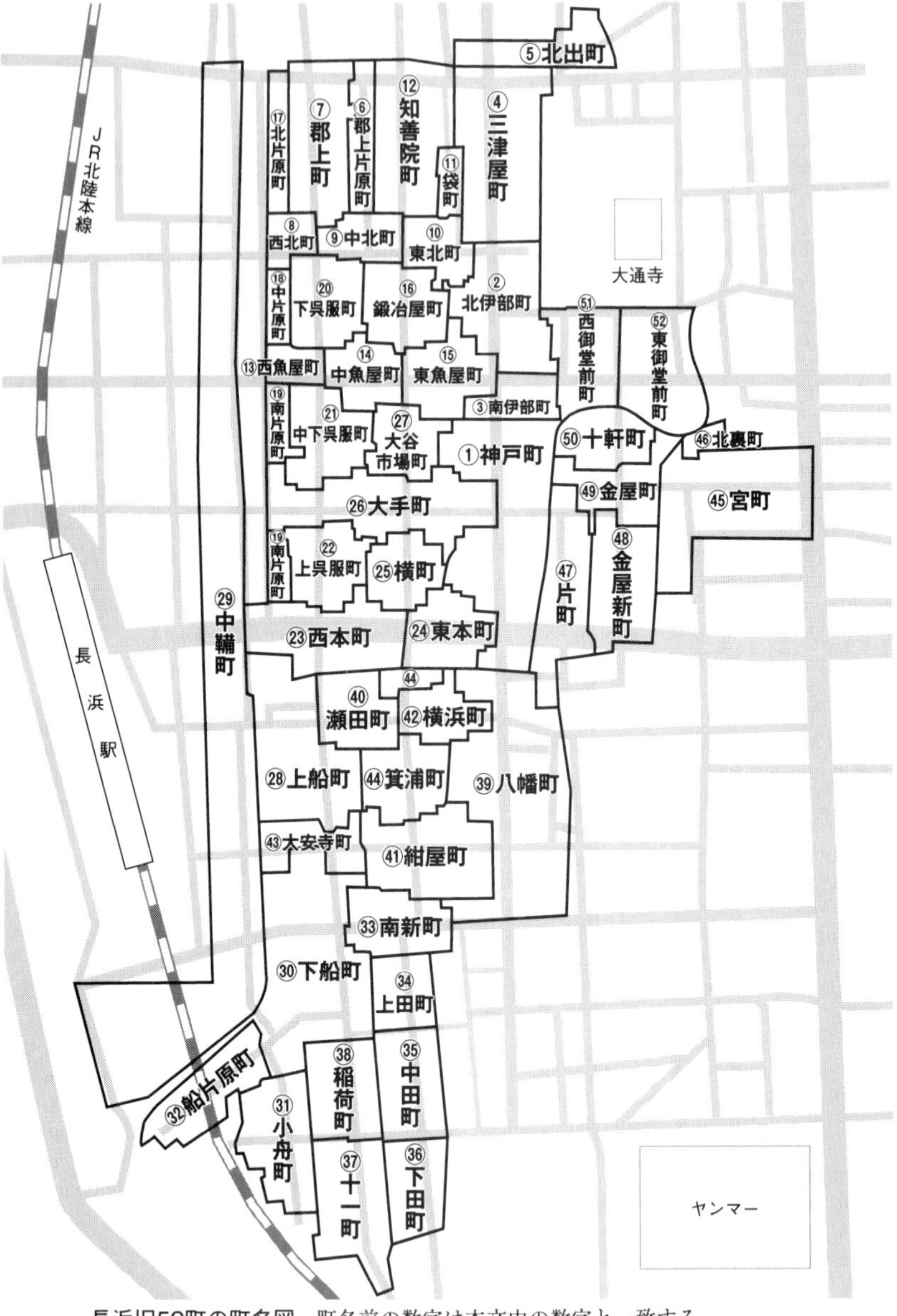

長浜旧52町の町名図　町名前の数字は本文中の数字と一致する

A　居住者の職種が名前になった町

〈呉服町〉㉒㉑⑳　まず、「呉服町」。この町は大手町・魚屋町の通りで分断され三町に分かれる。太鼓櫓《たいこやぐら》で有名な浄琳寺があるのが「上呉服町」。願養寺があるのが「下呉服町」。その間に「中呉服町」がある。つまり、南から北へ向かって、上・中・下と名づけられている。これは、本町通りを中心に、長浜の町名がつけられたことを示していよう。呉服町は、当初は呉服商人が多く集住したことから、この名前があるのだろうが、元禄八年（一六九五）の「大洞弁才天祠堂金寄進帳」（彦根城博物館蔵文書）では、絹屋四軒が確認できるのみである。小谷城下に呉服町と言われる所があり、そこから移住した町とも言われるが、「呉服」は普通名詞であり、移住の根拠にするには無理がある。

〈鍛冶屋町・金屋町・金屋新町〉⑯㊾㊽　「鍛冶屋町」は、知善院町の南で善隆寺がある町。鍛冶屋が集住したので、この名前があるだろう。元禄八年には、鍛冶屋が一軒のみ残っている。関連して「金屋町」と「金屋新町」。「金屋町」は、金屋公園（滋賀銀行御堂前支店跡）ができて身近な地名となった。曳山の観覧席である金屋席も町名が由来。「金屋新町」は、鍵《かぎ》の手に曲がった金屋町から、駅前通りの方へ延びる町である。金物商人が多く移り住んだことから、これらの名前があるが、元禄八年の記録でも、両町合わせて鍋屋《なべや》が六軒、鍛冶屋が五軒と、町の特色をよく保持している。

〈中鞴町〉㉙ 「中鞴町《なかたたら》」は、長浜城の二重の外堀の間で、南北に細長い町。「えきまちテラス長浜」南の浄国寺付近を中心に南北に延びる。町名の由来は、武器と貨幣を鋳造《ちゅうぞう》する職人が多く集住したからと言う。鞴はフイゴ（送風機）を意味し、鉄の加工には必需品である。旧長浜城内の軍需工場の場所が、廃城後に長浜町に編入されたと考えられる。

〈魚屋町・紺屋町〉⑬⑭⑮㊶ 現在祝町の名で知られている東西通りは、江戸時代は魚屋《うおや》町と呼ばれた。北国街道から西が「西魚屋町」、同じく東に「中魚屋町」、鍛冶屋町と大谷市場町をはさんで、「東魚屋町」が続く。もちろん、魚屋が集住した場所である。長浜では魚を扱う店を納屋《なや》（主に乾物であったようだ）と呼んだが、元禄八年の記録では中魚屋町に二軒、東魚屋町に八軒の納屋が確認されている。当時までは、魚屋町としての状況をよく保っていたようである。

覚応寺がある南部の町・紺屋町は、もちろん染物屋が集住した町である。元禄八年の記録でも、八軒もの紺屋が残っており、開町当時の面影を保っていた。道の南を流れる水路では、紺屋が染物を洗ったと言われている。

〈船町〉㉘㉚㉛ 長浜幼稚園がある「上船町」。その南に大安寺町を挟んで南に延びる「下船町」。これらは、いずれも北国街道沿いだが、その西に並行して南北に延びる「小舟町」もある。以上三町は、船舶関係の仕事に従事した人びとが多かったことによる命名で、この分類に入れてよいであろう。「上船町」や「下船町」の西に並行して流れる米川には、船荷を入れる蔵が建ち並んでいた。本町に向かって上・下が付けられているのは、呉服町で述べた原則どおりである。元禄八年の記録では、「下船町」で船持八軒、船大工一軒。「小舟町」では全戸数三十五軒の内、二十七軒が船持で、町名と職種がよく合致している。

〈田町〉㉞㉟㊱　田町は、田町会館から南へ延びる町で、これも本町に近い方が「上田町」で、南へ向かって「中田町」、「下田町」と続く。田町は長浜町内でも特に農家が多い町である。最近まで、長浜城址やＫＢセーレン株式会社の長浜工場付近に、多くの田畑を所持する人があった。田＝農家と考えれば、この分類に入れてもよいであろう。

Ｂ　居住者の出身地が名前になった町

〈伊部町・郡上町〉③②⑦　周知のように、長浜の町は戦国大名浅井氏の城下町・小谷から多くの人が移住して成立した。小谷城の城下町は、現在の長浜市湖北町伊部《いべ》から小谷郡上《ぐじょう》町にかけて展開したが、両集落の間の田地になっている部分にも町家が林立していたと考えられる。この小谷城下から移転した町としては、曳山博物館から北へ延びる南・北の「伊部町」と、北国街道の最北端である「郡上町」を上げることができる。

〈大谷市場町〉㉗　大手町から北へ魚屋町に向かって延びる「大谷市場町」も、小谷城下からの移転で、それが町名に反映している。「小谷」は『信長公記』などでは、「大谷」とも記した。長浜城下町の「大谷市場町」の「大谷」は現在「おおたに」と読むが、当時は「おだに」と発音していたのだろう。直接は関係ないが、石田三成の盟友である大谷吉継の出身地とも言われる、長浜市余呉町の「小谷」は、「おおたに」と読む。「大」と「小」の音は通じるのである。

箕浦町

〈箕浦町・神戸町〉㊹①　秀吉は、湖北に点在する町の商人を集住させ、長浜の城下町を建造するが、それは小谷の城下町のみでなかった。長浜信用金庫本店から南に延びる「箕浦町」は、瀬田町と横浜町によって二つに分断されるが、現在の米原市箕浦から移転した町である。箕浦は戦国時代には「八日市場」と呼ばれ、当時の北国道と東国道との分岐点で、非常に栄えた場所であった。現在も箕浦集落の中心の三叉路《さんさろ》には、「箕浦市場跡」と記された石碑がたっている。曳山博物館から南へ延びる神戸《ごうど》町は、同じく米原市顔戸《ごうど》から移転した町とも言われる。音は「ゴード」で確かに通じるが、顔戸に市場があったという確証がなく、断定するには至らない。

C　長浜町内での位置が名前となった町

〈本町〉㉓㉔　本町は「西本町」と「東本町」に分かれるが、現在の駅前通りである。名前のとおり、長浜の町割の基準となった町である。秀吉の城下町は城の位置を決め、この本町通りを造成することから始められたと考えられる。

〈大手町〉㉖　現在のお旅所の南付近に、城の正門である大手門があったが、それにつながる道の両側が大手町。当然、秀吉時代以来、現在に至るまで長浜町のメインストリートとして機能してきた。本町と大手町の東西通り二本が、秀吉が城下町を建設する際の中核となった町並みである。

〈北町〉⑧⑨⑩　魚屋町の北に東西に延びる北町は、西・中・東と三町に分かれる。北国街道の西が「西北町」、そこから東が「中北町」。さらに知善院町と鍛冶屋町をはさんで、「東北町」が続く。秀吉時代の長浜城下町は、一斉にできたわけでなく、徐々に造られていったが、最初の段階ではこの北町の東西線が最北端であったので、この名がついたものであろう。

〈北出町・南新町〉⑤㉝　長浜信用金庫三ツ矢支店から東に延びる「北出町」は、長浜の（東）北に突き出た町という意味であろう。地図を確認すると、その状況がよく理解できる。現在の田町会館付近を指す「南新町」は、当初の長浜町の南端に新設された町という意味と見られる。北町と同様、長浜町が徐々に南北に延びていったことを証明する町名である。

〈横町〉㉕　大手町から南に延びる、現在の「浜京極」の通りは、五十二町では「横町」と言う。長浜の場合、城に向かっていく道が「竪《たて》町」で、城に並行して走る町が「横町」となる。秀吉の城下町造りでは、この「竪町」が最初に建造され、次に「横町」が造成されたと考えられていることは、第六章で述べたとおりである。普通名詞であった「横町」が、町名として固有名詞化したものである。

D　町の形状が名前となった町

〈片町〉㊼　「片町」というと、長浜住の方は妙法寺付近の飲み屋街を連想するかもしれないが、それは明治初年に成立した南片町のこと。この地域は江戸時代、通称で妙法寺門前と呼ばれた。本来の「片町」は、その北に続く大手町通りまでの道である。「片町」は片側町の意味で、西側は米川が流れるため町屋がなく、東側にのみ町家が建ち並んでいたのでこの名がある。

〈片原町〉⑰⑱⑲⑥㉜　長浜には片原町という地名も多い。「大手北片原町」・「大手中片原町」・「大手南片原町」、それに「郡上片原町」、「船片原町」の五町である。「片原」は「片」と同意で、片方の町筋にしか家がない片側町の意味。長浜の町は、先に記したように基本的には両側町であるから、その形状が片側町で独特の景観を示すことを表わしている。

郡上片原町

大手片原の三つの町は、長浜町外堀の東側に南北に延びる町並みで、西側は本来、外堀に直面した片側町であった。郡上町の東に南北に延びる郡上片原町は、西側のみの片側町である。一見、道の東側にも家は建つように見えるが、いずれも東の知善院町にある町屋の裏側である。船片原町は、「小舟町」の北に東西に延びる。本来は道の北側は米川沿いに蔵が建ち並ぶのみで、南側にのみ町屋が存在する片側町であった。

〈袋町・北裏町〉⑪㊻　「袋町」というと彦根が有名だが、長浜にも「袋町」があった。「東北町」の北で、知善院までの西側を指す。町域が北まで貫通することがないため、この名前がついたものとみられる。「北裏町」という町もある。長浜旧五十二町では最小の町で、元禄八年(一六九五)の記録では、六戸にすぎない。後述する「宮町」の北側の裏という意味で、実は「宮町」の南には南裏町も存在した。しかし、後者は五十二町には含まれない。

〈十軒町〉㊿ 町の形状と言うと、少し相違するかも知れないが、「十軒町」もこの分類に入れてよいだろう。大通寺の門前町で、戸数が十戸であったことからできた命名だが、確かに元禄八年の記録では、戸数十である。なお、南伊部町の西御堂前町に接した付近を、通称で「八軒町」という。類似の地名として覚えておきたい。

E 町内に所在または隣接する寺院・神社・川が名前となった町

〈知善院町・宮町〉⑫㊺ 「知善院町」は、羽柴秀吉が小谷城下から移した知善院の所在する町である。「宮町」は、もちろん長浜八幡宮につながる町の意味。さらには長浜八幡宮の西は、北門前町・門前町・南門前町の門前三町があった。これら三町は、長浜八幡宮領で五十二町には含まれない。

〈八幡町〉㊴ 「八幡《やわた》町」に所在する神明神社は、長浜八幡宮の旧地と言われる。この町名も、そこから来ている。神明神社から南に下がる道を、通称「鉄砲町」と呼ぶが、これは八幡町の中で五十二町の町名ではない。城下町当時、鉄砲職人が集住した所であろう。

〈稲荷町・十一町〉㊳㊲　北国街道の「下船町」の南につながる「稲荷町」と「十一町《じゅういち》」。前者は、町内にある稲荷社が町名の由来である。この稲荷社は、長浜の裏鬼門にあたる守護神と言われる。後者は、町の南側を流れる十一川が町名の由来である。

〈御堂前町〉㊾㊿　東・西の御堂前町《みどうまえ》は、大通寺門前町の意味である。ただ、現在の地に大通寺が移ったのは、慶安二年（一六四九）のこと。それ以前は、この付近は「石田町」と呼ばれたと言われる。長浜の町組は、秀吉の時代に四十九町が成立し、先述したようにその後三町が加わり五十二町になったとされる。当初の五十二町には、「東・西御堂前」の二町分が入っているので、その前身の石田町も、東・西二町に分かれていたと考えるべきだろう。そうでないと、数字が合わない。

〈大安寺町〉㊸　北は「上船町」、南は「下船町」にはさまれた十字路に設けられた町が「大安寺町」である。奈良大安寺と関係あるというが、この付近に大安寺の荘園があったという証拠はない。築城以前に、大安寺という寺があったとでも解する他ない。由緒がありそうな地名でありながら、説明がつかないのは残念である。

F　付近の旧地名が名前となった町

〈瀬田町・横浜町・三津屋町〉㊵㊷④　後に長浜町の区域となる場所には、今浜と言った時代に瀬田村・横浜町・三津屋村の村落があったことは、第六章で記したとおりである。この秀吉以前の村名と関係があると見られるのが、本町の南に東西に連なる瀬田町・横浜町と、伊部町の北に延びる三津屋町である。長浜町の造成によって、これらの村は消滅することになるが、その村人の一部が住み着いた町と解釈できる。

長浜八幡宮の氏子は、長浜町内の各町と、それに隣接する七郷によって構成されている。この七郷には、瀬田町・三津屋町とは別に、瀬田村と三津屋村が含まれるが、秀吉以前の旧村域を示しているのではないだろうか。

平成十六年に行なわれた「秀吉公ゆかりの石碑・石柱建立事業」によって、この旧五十二町の由緒を記した石柱が、各町に一基ずつ建立された。長浜が歴史と文化に富んだ町であり続けるためには、この石柱は大切に守っていかなければならない。また、旧町名は秀吉の長浜城下町造営を物語る貴重な「歴史遺産」と言えるだろう。

第九章　賤ヶ岳合戦と秀吉

一　賤ヶ岳合戦の対立構造

賤ヶ岳合戦の史料　秀吉が柴田勝家と、信長の後継者をめぐって戦った賤ヶ岳合戦の経過については、文献史学の立場から考究した研究は意外と少ない。高柳光寿《みつとし》氏が昭和三十三年（一九五八）に発刊した『戦国戦記　賤ヶ岳の戦』（春秋社）が、現在においても基本的な研究となっていると言えよう。また、史料集としては『大日本史料』第十一編の一～五がある。ここでは、この高柳氏の著作や『大日本史料』に拠りつつも、最近になってその存在が明らかになった古文書（上記二書に取り上げられていない文書を、本稿では「新出史料」と呼ぶ）を取り上げながら、賤ヶ岳合戦への政治的・軍事的経過をたどってみることにしよう。

実は、賤ヶ岳合戦の両軍の戦略、特に合戦当日の細かい軍勢の動きについては、古文書は雄弁ではない。最近になって盛んになった城郭史の知見や、近世に編纂された『太閤記』や『賤ヶ岳合戦記』などの軍記物の記述を参考にしないと、この合戦の全貌《ぜんぼう》には迫れないと言える。しかし、ここでは敢えて、残された秀吉文書を中心に、合戦経過をたどることにする。よって、通説となっている軍記物等から知られる軍勢の動きについては、必要最低限触れるにとどめた。その意味では、賤ヶ岳合戦の経過を知るには、少々物足りないかもしれないが、逆に確実な史料から知り得る「合戦の真相」のみが抽出されるだろう。

清洲会議前後の秀吉　天正十年（一五八二）六月二日、「本能寺の変」が起こり、羽柴秀吉は備中高松城攻めを中止し、急遽畿内を目指して取って返した。俗に「中国大返し」と言われる行動であった。さらに、六月十三日には、信長を討った明智光秀を山崎合戦で撃破、信長の後継者争いに発言力ある地位を確保した。ついで、光秀の本拠・坂本城がある近江をも制圧、六月二十三日には美濃立政寺に禁制を出しているので、この時期においては美濃国を勢力下におくことを目論んでいたとみられる。六月二十七日には尾張国で清洲会議が行なわれ、柴田勝家が推す信長三男の織田信孝ではなく、羽柴秀吉が推す信長嫡孫《ちゃくそん》の三法師が織田家々督と決まり、秀吉は畿内を中心とした政治の主導権を握る。しかし、信孝を推した柴田勝家のグループとは対立の度を深めていく。

清洲会議が行なわれる二日前の六月二十五日、秀吉が東美濃の国人である延友（遠山）佐渡守

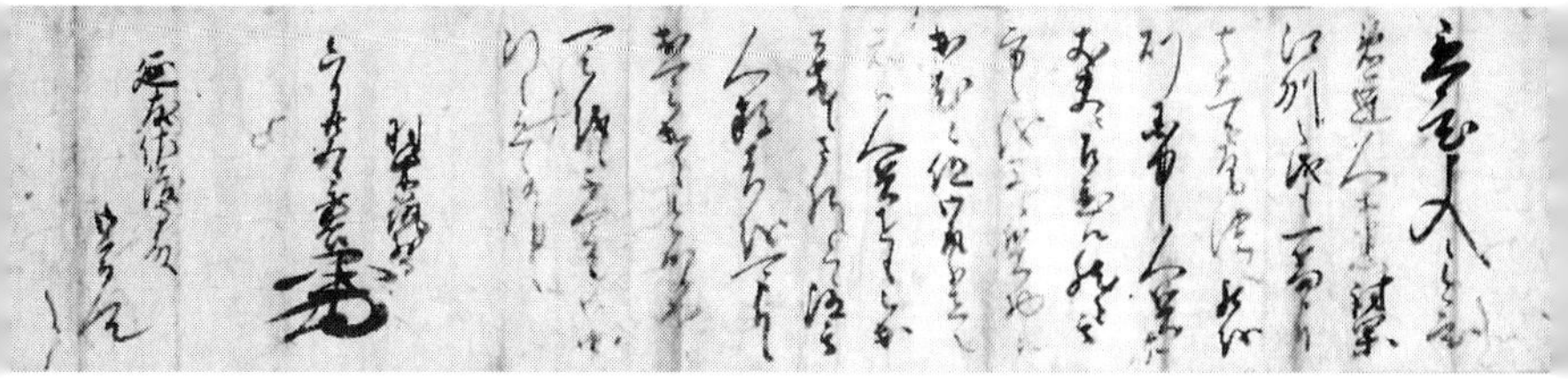
羽柴秀吉書状 延友佐渡守宛　長浜市長浜城歴史博物館蔵

に宛てた書状（長浜市長浜城歴史博物館蔵文書、443）は、これまでその存在が知られていなかった「新出史料」である。この文書により、清洲会議前に秀吉が美濃国衆への多数派工作を行なっていた事情が読み取れる。また、秀吉は「悪逆人（明智光秀のこと）」を退治したこと、それに近江国の治安も回復したことを知らせている。また、美濃国内については、秀吉に人質を出すように命じていたのに対し、延友（遠山）がすぐに人質を出したことを賞している。さらに、人質を拒む国人があれば成敗する旨が記され、その報告を今日明日中に行なえと述べている。山崎合戦から清洲会議に向けて、秀吉が織田家の後継者決定に発言力を増すため、美濃の国人の取り込みを行ない、人質を徴していたことが知られる。清洲会議での駆け引きは、それ以前から行なわれていたのである。さらに、本文中で秀吉が、明智光秀を「悪逆人」と表現している点も興味深い。

　清洲会議の翌日、秀吉は長浜に帰着、七月四日頃まで同城にいたようである。その後、京都・山崎に移るが、そこで柴田勝家との決戦の準備を進めていく。

信雄を織田当主とする秀吉　織田信長の家臣であった羽柴秀吉と柴田勝家が、近江国伊香郡余呉湖周辺において、信長の後継を争って戦ったのが賤ヶ岳合戦と言える。しかし、名目上の争点は、織田家の継嗣争いであり、それは信長の二男信雄《のぶかつ》（後に秀吉が家督に推す、後述）と三男信孝のいずれかが家督に付くかの戦いであった。次の二つの「新出文書」は、この合戦の名目上の争いを示す意味で重要である。

天正十年（一五八二）十二月二十一日付けの羽柴秀吉・丹羽長秀・池田恒興連署書状（滋賀県立安土城考古博物館蔵文書、544）は、遠山佐渡守と同半左衛門尉に宛てたものである。本書は同年十二月二十日、秀吉が攻撃した岐阜城の開城を受けての史料とみられる。宛名の一人・遠山佐渡守は先に紹介した延友佐渡守と同一人物とみられる。織田信孝から三法師（若子様）を受取り、信雄（三介様）が織田家当主の名代となったことを知らせ、美濃国内においてこれに反逆する者は断罪に処すと告げている。同日付けで和田助右衛門尉（小里光明）に宛てた、羽柴秀吉・丹羽長秀・池田恒興連署書状（小里家譜、546）も知られている。

一方、同年十二月二十三日付けの秀吉書状（長浜市長浜城歴史博物館蔵文書、548）は、遠山佐渡守宛てで、織田信雄が家督を相続するに際して、美濃国中の諸侍は、残らずそれに従うので、遠山も油断があってはいけない。また、取次として森長可《ながよし》（勝三＝勝藏）を指名するので、承知するように記している。ここでは「三介様御家督」とされ、事実上は信雄が家督相続したと認識されている。

天正十年冬の信雄家督相続　天正十年六月二日に「本能寺の変」が勃発《ぼっぱつ》、その後六月十三日の山崎合戦で秀吉が明智光秀を破り、六月二十七日に清洲会議が行なわれた。この会議において、信長の後継はその嫡孫である三法師となった。しかし、三法師は織田信孝を後見として岐阜城におり、秀吉は織田家当主を掌中にできない焦りを感じていた。その状況は天正十年年十月末まで続く。

尾下成敏氏は、この状況の中、天正十年十月二十八日に秀吉・長秀・恒興が京都本圀寺《ほんこくじ》に参会し、三法師の家督相続を諦《あきら》め、信雄を家督に据えるクーデターが行なわれたと説く。これは、十一月一日付けの石川数正宛の羽柴秀吉書状（小川文書、５３２）や『蓮成院《れんじょういん》記録』などから導き出した結論である。藤田達生氏は、それ以前に九月十八日と二十日に京都で秀吉・長秀会談がなされ、長秀が秀吉に味方することが決定したことの方が政治的には大きく、十月二十八日の会談はクーデターとまでは言えないとする。しかし、この会談において、三法師に代わり信雄が家督についた事実は認めている。

秀吉が天正十年暮の段階で、清洲会議での三法師相続を覆《くつがえ》し、信雄こそが織田家督相続者と理解していたことは、先の秀吉文書の他にも、同じ遠山佐渡守・同半左衛門宛の羽柴秀吉・丹羽長秀・池田恒興連署書状（上原孝夫氏蔵文書、５４５）からも確認できる。この文書は十二月二十一日付けで、織田信雄が家督を相続したので、礼を述べるよう促しており、文言は十二月二十二日付けの秀吉書状と同じである。

また、翌年正月十七日付けで、小早川隆景に宛てた羽柴秀吉書状（『大日本史料』第十一編之三所収「武家事記」）では、前年に長浜城と岐阜城を手中に入れた旨を述べた上、「三介殿安土に至り御上国《ごじょう》に候、即ち御家督ニ居られ、国々面々出仕せしめ候」と記す。信雄が同月二十三日に安土に行って織田家の家督に座り、面々が出仕することになっているので、小早川にも安土への参向を促しているものと読める。事実、信雄は翌月閏正月四日に安土城に至り、秀吉もこれに従っている。そこで諸侯から新年の挨拶を受ける準備をしたとされる（「多聞院日記」・「秀吉事記」）。

織田家の家督争い　このように、賤ヶ岳合戦直前の天正十一年春まで、秀吉は信雄を織田家当主として認めており、名目上はその臣下と考えていた。この点を踏まえると、十二月二十六日

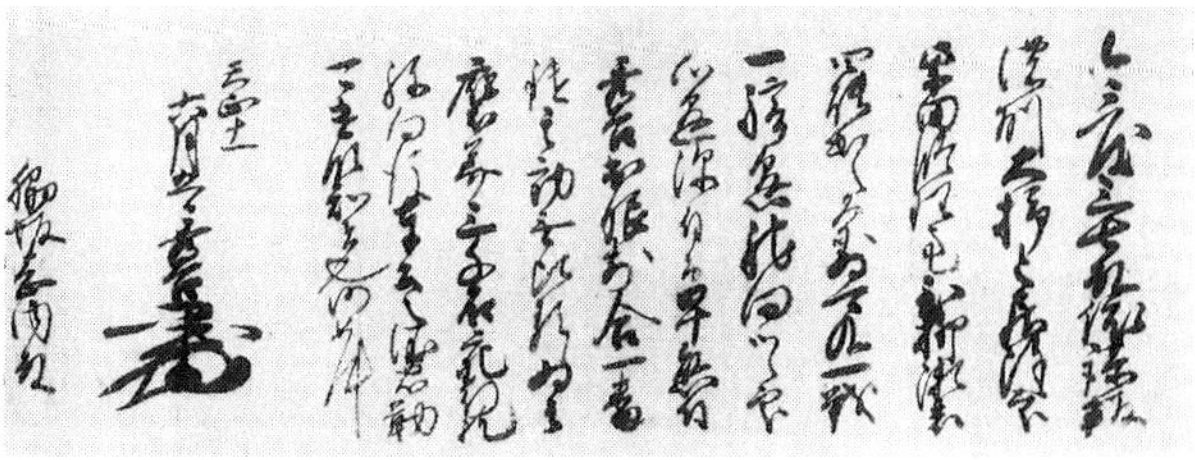

羽柴秀吉判物　脇坂安治宛　個人蔵

付けで羽柴秀吉・丹羽長秀・池田恒興が、信孝の家臣・小嶋民部少輔に宛てた連署状（『大日本史料』第十一編之三所収「小嶋文書」）は興味深い。内容は、十二月二十日の岐阜城開城を受けての両軍の武装解除を知らせた内容となっている。この文書の冒頭に、「三介殿様、三七殿様御間の儀、御無事相澄み申し候」とある。つまり、羽柴側と柴田側の緊張関係は「三介殿」＝信雄と、「三七殿」＝信孝の対立と理解されていたことになる。この延長上にある賤ヶ岳合戦は、秀吉と勝家の戦いではあるが、名目上は信雄と信孝の戦い、つまりは「本能寺の変」によって失われた織田家の家督をめぐる、最終決戦と位置付けることが可能になる。

少々先の話になるが、天正十一年四月二十一日の決戦当日に、先駆けとして戦功甚だしかった秀吉家臣・賤ヶ岳七本槍に、秀吉から六月五日付けで感状が与えられた。この感状にも、賤ヶ岳合戦の本質が表われている。すなわち、これらの感状は通常言われる七本槍の七人に加え、桜井佐吉・石川長松宛てのものも含めて九通出されたと見られている。福島正則宛ての感状が宛行高《あてがいだか》五千石であるのに対し、他の八通は三千石となっている他は、どの感状も文言は同一である（『大日本史料』第十一編之四）所収。

その冒頭で、秀吉は賤ヶ岳合戦のことを「今度三七殿謀反に依り、濃州大柿に居陣せしめ候処《ところ》、柴田修理亮柳瀬表到り罷《まか》り出《い》で候」と記している。つまり、秀吉にとっての賤ヶ岳合戦の大義は、織田家の家督を継ぐ信雄に対して、「三七殿」＝信孝が謀反を起こしたので、それを成敗することにあったことが知られる。賤ヶ岳合戦における名目上の敵対者が、織田信雄と信孝であったという本質を、この秀吉感状の文言は象徴的に示している。

二　長浜開城から伊勢攻めへ

長浜城の開城　清洲会議以来、両陣営の長い水面下の戦いが続いた後、最初に羽柴軍が柴田軍を攻撃したのは、十二月に入っての長浜城攻めであった。長浜城はもともと秀吉の居城であったが、清洲会議の結果、柴田勝家の領国に組み入れられ、柴田勝家の養子であった勝豊が守備していた。しかし、この長浜城攻めでは戦闘は行なわれず、城を包囲された柴田軍は、病身で指揮がとれなかった勝豊に代わり、勝豊宿老たちが人質を出す形で開城に応じている。勝豊宿老とは、山路正国・木下一元・大鐘藤八郎・徳永寿昌らであり、三月から対陣が始まった賤ヶ岳の戦場では、神明山や堂木山など羽柴軍の最前線の砦の守備を命じられている。

この長浜開城の様子を、秀吉が備前国岡山城主であった宇喜多秀家に報じた、翌年二月九日付けの秀吉書状（長浜市長浜城歴史博物館蔵文書、586）が残っている。文書の奥が故意に切り取られており、宛名が確認できないのは残念であるが、幸い『大日本史料』第十一編之三に、備前「高木文書」として全文掲載されており、宛名の部分には「八郎殿御返報」と記されていたことが分かる。すなわち、宇喜多八郎＝秀家宛ての書状である。内容は長浜城の柴田勝豊の宿老が人質七人を出して降伏したこと、今にも越前に攻め入るべきであるが、越前は雪が深いので実行できないこと、岐阜城の織田信孝も秀吉に従うと言っていること、北伊勢の瀧川一益は不届き者（柴田側）なので、その攻撃を始める所だが、やがて瀧川勢を敗北させ、北伊勢からも軍を引くことができるだろうと述べたものである。

秀吉の長浜城攻撃については、『兼見卿記』に記述があるが、秀吉自身の言葉で、開城の経緯を語っている点、本書の価値は高い。長浜開城の日付は、正確に知りえないが、高柳光寿氏は十二月十四日か十五日としている。また、本書にある北伊勢への侵攻は、先述した十二月二十日の岐阜開城に続き、翌年二月十日から行なわれ、羽柴軍は亀山城（三重県亀山市）・国府《こう》城（三重県鈴鹿市）開城などの戦功をあげている。北伊勢の陣は、柴田勝家が北近江に出陣し、秀吉がそれに対応するため北近江に転じた三月中旬まで行なわれる。秀吉が北伊勢を去った後も、羽柴側の瀧川軍への攻撃は続き、織田信雄によって包囲された峯城(三重県亀山市)が開城したのは、賤ヶ岳合戦直前の四月十七日のことであった。

伊勢攻めから近江へ　先に、遠山(延友)佐渡守宛の羽柴秀吉書状を紹介したが、遠山佐渡守宛ての「新出史料」がもう一通存在する。三月十五日の秀吉書状(長浜市長浜城歴史博物館蔵文書、604)である。秀吉が北伊勢での攻撃を終了し、北近江に軍隊を展開することを、遠山佐渡守に知らせたもので、冒頭には遠山佐渡守から「包丁刀」十本を送られた礼が述べられている。北伊勢での戦いは、先に触れたように、柴田勝家と同盟する瀧川一益の軍隊が籠城していたもので、ここでは亀山・国府両城をすでに落城させ、峯城を包囲中の旨が記されている。

さらに、本文中では柴田勝家が北近江に進軍してきたので、自らは佐和山城に至ったことを述べ(実際は長浜まで帰ってきている)、柴田軍が「柳瀬」周辺に軍隊を展開しているので、これを明日にでも攻撃すると記している。しかし、実際の決戦は、半月ほど経過した四月二十日・二十一日になったことは周知のとおりである。また、宛先である遠山佐渡守のことは、岐阜城攻城中の森長可(勝蔵)が入魂なので相応の待遇をすると述べ、詳しくは生駒吉一へ伝達する旨が述べられている。
秀吉の北伊勢から近江への転身の経過が、本人の言葉として表現されている点、非常に臨場感あふれる内容となっている。また、秀吉が合戦を前にして、柴田軍との戦いが有利に進んでいることを知らせ、美濃国の勢力を味方に付けようと努力していたことが知られる。

三　両軍対陣の真相

対陣する秀吉　高柳光寿氏によれば、秀吉が伊勢から近江に入り、長浜に到着したのが三月十二日、さらに賤ヶ岳の戦場には十七日に至っている。勝家が玄蕃尾《げんばお》（内中尾山）城《じょう》に入ったのも十二日と考えられている。この日をもって、両軍が余呉湖周辺で陣城《じんじろ》を構築し対峙《たいじ》するようになった。その状況を伝える文書が、わずかながら残っている。

秀吉が三月二十七日に、徳川家康の家臣・石川数正に送った書状（長尾文書、６１７）によれば、秀吉が木之本へ出陣、柴田軍を「夜中余呉庄柳瀬と申す所へ引き入れ申し候」とある。その後、「柳瀬の後の高山へ取り上り申し候」とあるので、柴田本陣の移動を柳ヶ瀬集落から玄蕃尾城（高山）と理解していたことが分かる。秀吉としては玄蕃尾城を攻撃することも考えられたが、「高

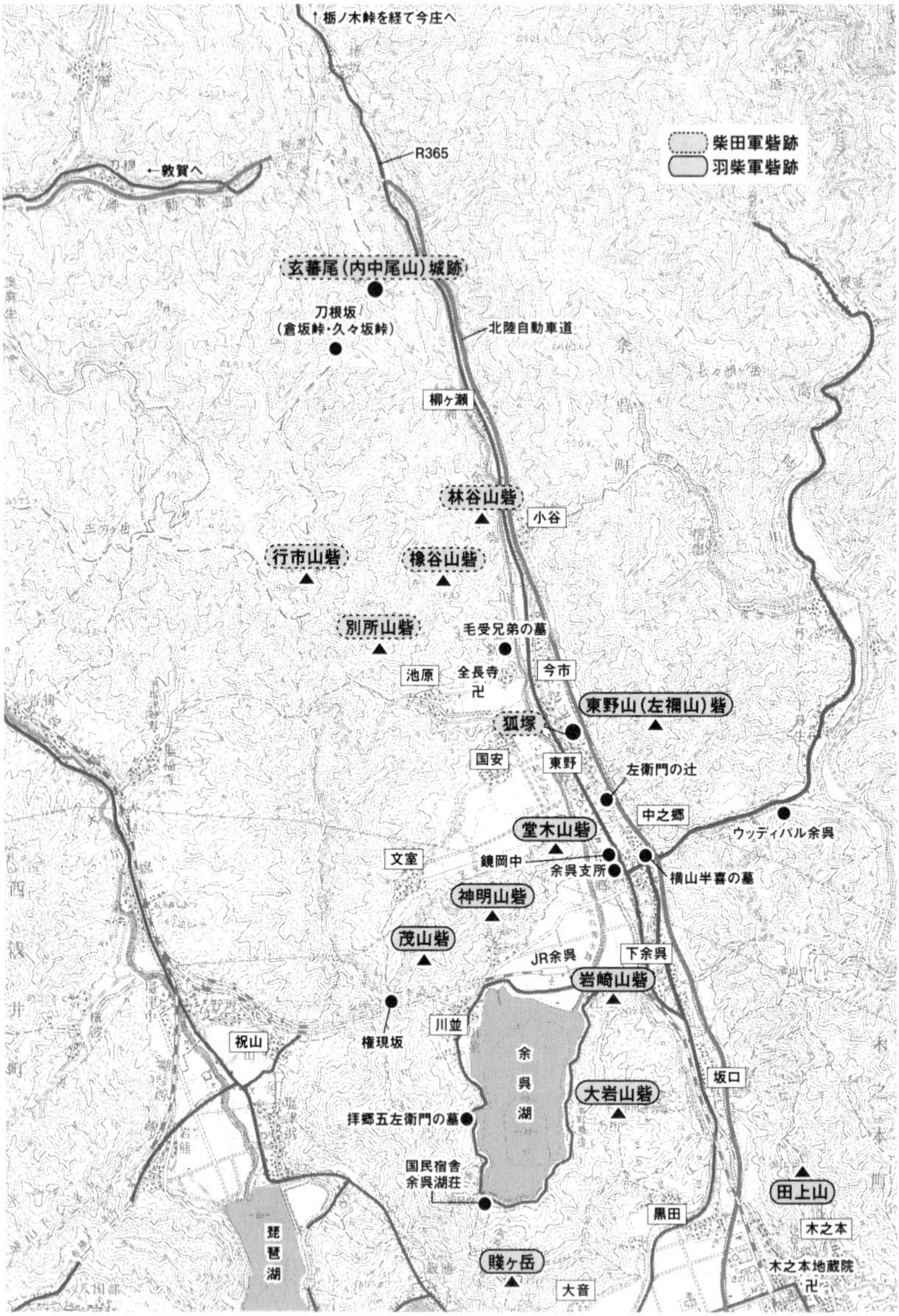

賤ヶ岳合戦対陣図　（『み〜な』vol.108から転載）

山其の上嶮《けん》の山ニ芝手を築き、堀柵を仕《つかまつ》り候」ので無理攻めは諦めたとある。
ここで注目すべきは、三月二十七日の段階において、秀吉は柴田軍の陣城について、玄蕃尾城しか意識していない。別に、遠く若狭口から敦賀に攻め入った丹羽長秀の行動について、この文書は言及しているが、柴田軍の他の陣城には言及していない。とすれば、賤ヶ岳の戦場に構築された玄蕃尾（内中尾山）城以外の柴田軍陣城は、秀吉軍が最前線を天神山から堂木山・東野山のラインに後退させた三月末日以降に構築されたと考えることができよう。それまでの柴田軍の陣所は、山中に野営する程度であったのではないか。

三月晦日付けの秀吉書置　両軍の対陣の状況を描く古文書がない中、「新出史料」である三月晦日付けの羽柴秀吉書置（長浜市長浜城歴史博物館蔵文書、６２０）は非常に貴重である。三ヶ条からなる文書であるが、冒頭に事書があり、本日中に砦の堀外にある小屋を取り壊すべきことを指示している。第一条目にある「柴伊衆」は柴田伊賀守勝豊の宿老が守備していた砦で、山路正国・木下一元がいた神明山砦または堂木山砦と考えられる。この砦の周辺にある小屋は羽柴秀長が手伝い、取り壊すべきことが記される。第二条目は、破損して読めない部分があるが、その墨書は「堀久太小屋」と復元でき、堀久太郎秀政の砦・東野山（左禰山）砦のことである。その

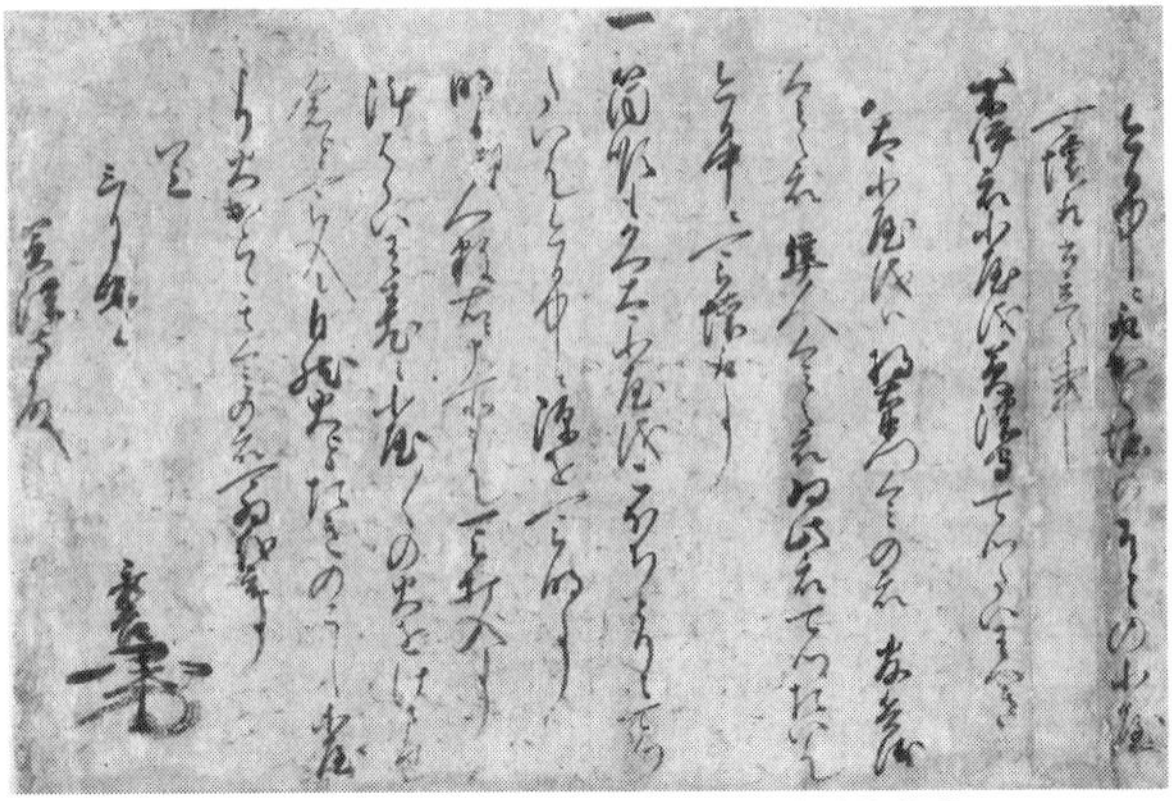

羽柴秀吉書置　羽柴長秀宛　長浜市長浜城歴史博物館蔵

周囲にある小屋を、前野将衛門長康・黒田官兵衛孝高《よしたか》・木村隼人正重茲《しげこれ》組の者が手伝い取り壊すべきことを述べる。第三条目には、筒井順慶も東野山砦周辺の小屋取り壊しを手伝うべきこと、さらに小屋を壊すことでできた空間に、明日には軍勢を追加して送るので、小屋を使っていた軍勢の撤収はせず追加の軍勢と合流すべきこと。また、小屋中からの出火に気をつけるよう述べている。

この文書は、織豊期の城郭構造上も注目すべき記述がなされている。賤ヶ岳の戦場において、秀吉軍の兵士は各所の砦に収容できないほど多数おり、砦の周囲に小屋を構えて兵士の居所としていた。中井均氏は、賤ヶ岳合戦場の城郭配置・構造について考察し、陣城は「諸将とその重臣たちが籠るだけであり、大半の兵士は城外の広大な尾根上に野営していたのだろう」と指摘するが、本書はそれを裏付ける内容となっている。中井氏が言う尾根上が、この文書が言う小屋の設置されていた空間ではないだろうか。

また、早川圭氏も神明山砦の考察を通して、「「第一防衛線」」という稜線《りょうせん》伝いの線を確保するためには、土塁囲いの砦という「点」を、稜線沿いに兵を駐屯させる「線」でつなぐ必要もあった」と述べ、斜面も含めた砦外の地への兵の駐屯を念頭におくべきと述べている。この時代の籠城戦においては、砦に収容されない兵士が多数いたことを、この古文書は実証するもので、城郭周辺の平坦地も陣城の一部と理解すべきことを我々に教えてくれる。また、本書において秀吉は堂木山砦と東野山砦を、特に取り上げて指示を与えている。これは、両砦が秀吉軍の最前線であったという通説を、古文書からも裏付けるものである。

堂木山隘路の「惣構」への注目　藤井尚夫氏は、「新出史料」の四月三日付け羽柴秀吉書状（長浜市長浜城歴史博物館蔵文書、630）について触れ、木之本から越前国境に向かう北国街道が最も狭くなる堂木山隘路《あいろ》（堂木山砦と東野山〈左禰山〉砦の間の約五〇〇メートル幅の平地）に、現在も二本の防御塁壁跡があることを指摘し、ここに秀吉側の「惣構《そうがまえ》」が置かれたことを明らかにした。この藤井氏の論稿の優れた点は、両軍の最大の関心が、この堂木山隘路「惣構」の攻防にあることを明らかにした点である。この戦いの結果を左右した大岩山砦への柴田軍の急襲も、この「惣構」の混乱を狙った「中入《なかいり》」の戦略だったとするのである。

その秀吉書状は、前項の文書と同じ羽柴秀長宛てで、七つの一つ書きからなる。この時、秀吉は長浜城にいたと推定されており、前線の秀長に対して戦略の指示を行なった書状である。第一条目で「其二ツの取出を先ニいたし、木本まで段々ニ陣取せ」との記述は重要だろう。この二つの取出(砦)とは、堂木山砦と東野山(左禰山)砦を指すと見られるが、その二砦を前線として、第二線の岩崎山砦・大岩山砦・賤ヶ岳砦、第三線の田上山砦が秀吉の本陣である木之本まで続いていた陣形を、端的に表現している。軍記物などで復元され、中井均氏によって整理された秀吉軍の陣形が、一次史料である秀吉文書でも確認できる点は重要だろう。

第二条目では、砦における火の用心の徹底を指示している。特に「伊州取出」、つまり柴田勝豊の宿老がいた神明山・堂木山砦を意識しているのは、三月晦日付けの書置と同様である。最前線である両砦と、旗色が明確でない柴田勝豊の宿老たちの動向に、秀吉が気を揉《も》んでいた状況をうかがい知ることができる。第三条目では、「惣構」の堀から外に向けて鉄砲を撃たないこと、草刈りに至るまで「惣構」から外に出さないことが記される。藤井氏が言う堂木山隘路に「惣構」が設置され、北国街道を遮断するように、堀が設けられていたことが分かる。常識的には、近世に多く作成された賤ヶ岳合戦場絵図に記されたように、この堀にそって柵列があったと考えた方がよいだろう。両軍の対峙を考える場合、その多彩な城塞群に目を奪われるが、羽柴軍が柴田軍との対峙点として、最も注意を払っていたのは、この平地に設けられた「惣構」であったことが読み取れる。

第四条目は柴田軍の劣勢を述べ、秀吉軍が動かなければ、かえって追い込まれると述べている。賤ヶ岳合戦は中井均氏も述べるように、南進し京都に至るため、木之本以北に陣する羽柴秀吉軍を突破しないかぎり戦果が得られない柴田軍と、江北において柴田軍の南進を食い止めれば戦果が得られる秀吉軍の戦いであった。したがって、どちらかと言えば、勝家軍に積極的な動きが求められる戦いであり、秀吉は柴田軍のその弱点をよく見抜いていたことになる。

第五条から第七条　第五条目には、柴田軍の情勢を観察、余裕をもって決戦に挑むべきことが記されている。秀吉は戦線が膠着《こうちゃく》している間に、播磨へ赴くと記している。これは、中国の毛利氏を牽制《けんせい》するためであるが、実際には行なわれなかった。しかし、秀吉が四月十六日に至って、岐阜城で再起した織田信孝攻撃のために近江国を離れたのは、この段階の播磨行きを別の形で実行した戦略だったのかもしれない。すなわち、秀吉としては戦線が膠着する中、柴田軍の何らかの攻撃（南進）を誘発するには、自らが戦場を一時的に去ることが、最も効果的と考えた節がある。

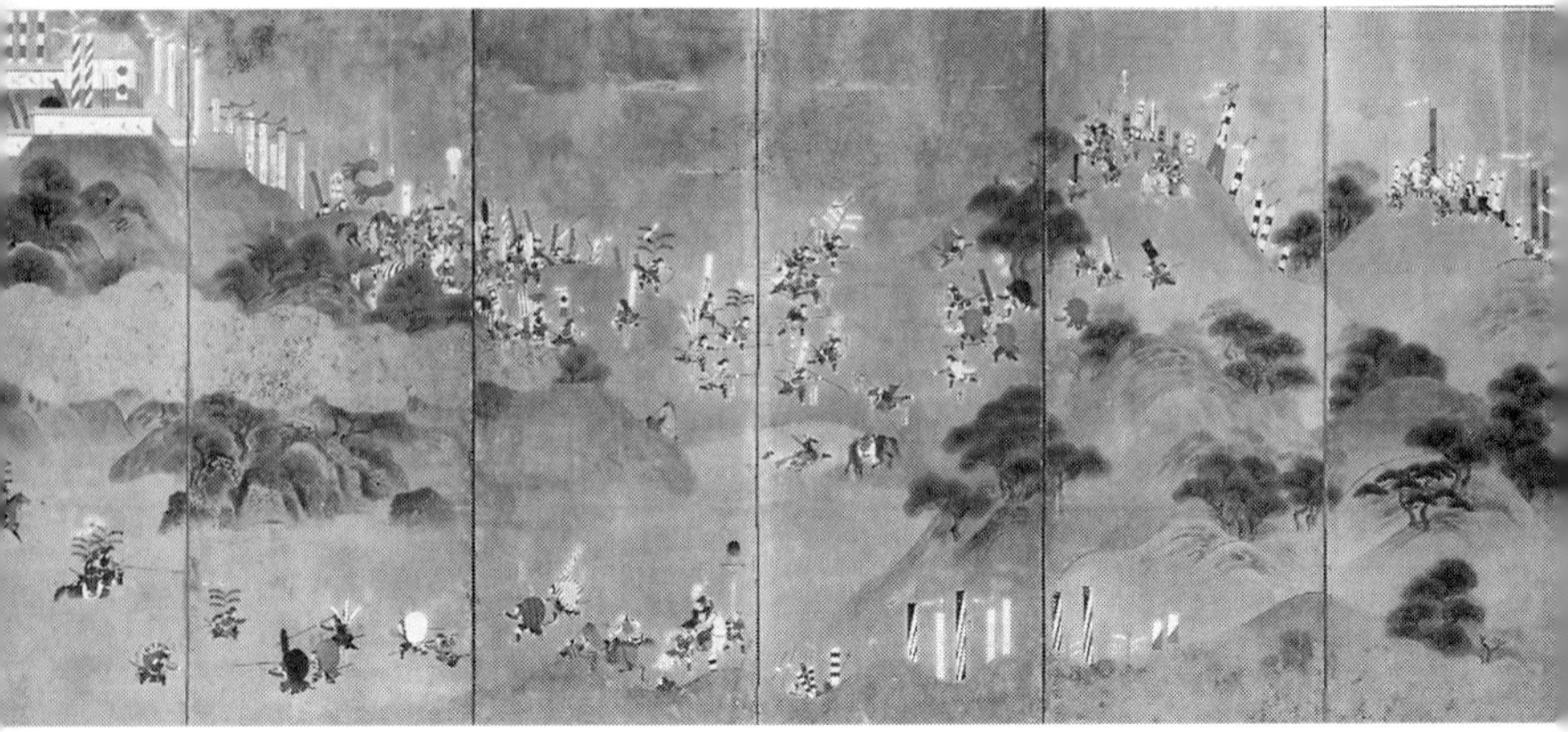

賤ヶ岳合戦図屏風（右隻）　長浜市長浜城歴史博物館蔵

この条項では、柴田軍の動きを見て、秀吉が播磨にいる内に全軍を動かすことは厳禁で、自らが近江の戦場に帰ってから、全軍揃って柴田軍に向かうと記している。この点は、四月二十日の美濃国大垣（秀吉は長良川の増水のため、岐阜に至れず大垣に留まっていた）からの秀吉大返しを予想させる内容である。美濃国への秀吉の転身が、柴田軍を南へ誘発するための戦略だったか、単に美濃国で再起した信孝を討ちに出た行動かは、研究者の間で解釈が分かれる所である。本書の記述は、秀吉が柴田軍の南下を誘う手段を、すでに四月当初から考慮していたことを推測させる。この点を重視すれば、秀吉の美濃国出陣と柴田軍の南下（具体的には大岩山砦攻撃）は、秀吉の予定どおりの軍事行動だった可能性が高い。

第六条目は、何事も秀吉に伝達するように述べ、その上で前線への軍勢投入を行なう旨が記され、第七条目には塩津方面に人（忍びの者と見られる）を留め、羽柴軍の戦略・戦術が洩《も》れないようにすべきと記す。最も恐れることは、羽柴軍からは一切軍を動かさないと決めていることや、柴田軍を誘発するために秀吉が近江を離れる戦略が、漏洩《ろうえい》することであろう。

賤ヶ岳合戦の柴田軍の敗因は、長期間にわたる秀吉軍との対陣を我慢できず、秀吉の不在の情報を得て、不用意に大岩山砦を奇襲したことにある。この点を思えば、秀吉軍の戦略は漏洩することなく、柴田軍はその戦略にはまり奇襲を仕掛けたことになる。秀吉は柴田軍が南進、自軍はそれを阻止できれば勝利が得られるという、この合戦の行方を十分理解していたのである。そこに、秀吉の勝因があった。

四　佐久間盛政の奇襲から羽柴軍勝利へ

勝家軍の神明山奇襲　両軍対峙の中、秀吉は三月二十七日に長浜城へ戻った。その隙《すき》を狙ってか、柴田勝家の軍は木村重兹《しげこれ》・堀尾吉晴が守る第一線の神明山へ小規模な攻撃を仕掛けてきた。その状況を秀吉が、四月四日に家臣に伝えた書状（長浜市長浜城歴史博物館蔵文書、６３２）が残るが、「新出史料」である。秀吉はこの時、木之本の本陣を秀長に任せ、長浜城で情勢を見ていた。

本書では柴田軍の急襲と退却を知って、秀吉も前線へ先発隊を派遣、さらに自らも木之本に出向くことを決意、この書状の宛名に兵を率いて来援し、長浜城の留守居に付くよう命じた文書である。宛名の部分が切断されているが、補給地として「槇嶋」（京都市宇治市）の地名が見えるので、畿内または中国地方にいた武将と推定される。

残念ながら、本書で秀吉は長浜城の留守居を宛名の武将に命じながら、この後いかなる行動をとったか不明である。柴田軍は翌日に、堀秀政の東野山（左禰山）城にも攻撃を仕掛けており、二日にわたって堂木山隘路の両脇に設けられた「惣構」を攻撃している。この四月四日と五日の攻撃は、柴田軍の当初の戦略が、南進のために秀吉が構築した「惣構」の突破を狙っていたことを示していよう。なお、同じく神明山への柴田軍の攻撃を知らせ、坂本城の守備を命じた杉原家次宛て、同日付け秀吉書状（信松院文書、631）の存在が知られている。

大岩山陥落から賤ヶ岳七本槍　四月二十日未明、柴田勝家の重臣・佐久間盛政が秀吉側の第二線の大岩山砦を攻撃して、守将の中川清秀を討死させている。あくまで、「惣構」の突破を目指してきた柴田軍の戦略の転換であった。両軍対峙の状況にしびれを切らし、「中入」の戦略を敢行した柴田軍の判断は、四月三日付けの秀吉書状での予想どおり、「ふりニつま」った行動と言えよう。
　佐久間軍に攻撃された大岩山城陥落については、『兼見卿記』に「江州おいて北郡一戦に及び、中川世（瀬）兵衛尉討死と云々」と簡単な記述があり、『多聞院《たもんいん》日記』に四月二十日の戦いで中川清秀の他六百余人が討死、秀吉軍の砦が四つまで柴田軍に取られたとあるのみで、詳細は江戸時代の軍記物の記載に頼らざるを得ない。その中で、伊香郡下余呉村の中川組十二軒（現在は九軒）が、討ち死にした清秀の遺骸《いがい》を東山（北国街道を隔てた東の山）まで運んだ上、七昼夜守護し、その後大岩山に清秀遺骸を持ち帰り、埋葬したという伝承を持つ。現在もこの中川組では近世に清秀子孫が藩主となった豊後岡藩（大分県竹田市）から下賜された清秀像を祀り、その供養を続けている事実は興味深い。
　合戦直後に編纂され、軍記物としては比較的信憑性が高い大村由己《ゆうこ》著の『柴田合戦記』によれば、大岩山の陥落は巳刻《みのこく》（午前十時頃）、それを聞いた秀吉は申刻《さるのこく》（午後四時頃）に大垣を発って、戌刻《いぬのこく》（戌刻は午後八時頃だが、同書に十三里を二時《ふたとき》半で駆け抜けたとあるので、通常は戌下刻《げこく》＝午後九時頃と考えられている）には、木之本に戻ったとする。その様子は、『柴田合戦記』に、
　相随ひて粮《かて》を運ぶものなし、人馬の疲弊を察し、道終《みちすがら》、村々里々に飛脚を以て、触れ遣はす、

賤ヶ岳合戦図屏風（七本槍部分）
長浜市長浜城歴史博物館蔵

秀吉今夜の曙一戦に及ぶべきの条、家一間《けん》より八木《はちぼく》一升炊《かし》いで、餉《かれいい》となし、木之本に持ち来たるべし、其の恩賞を、忘れず、相計《はか》らふべき由、方々告げ送るの間、或は二里三里、或は五里六里これを運ぶ、特に長浜は秀吉旧居の地なり、…木ノ本において、諸卒 悉《ことごと》く疲れを直す

とあり、秀吉は大垣から木之本までの大返しに当たり、兵士の食糧を木之本まで運ぶよう、湖北の村々に指示したとある。特に、長浜町は秀吉の城下町であっただけに、積極的にこの命に協力したと読むことができる。これに対して、近世前期に編纂された小瀬甫庵の『太閤記』では、この秀吉大返しを次のように記す。

地下人百姓共、手々に松明《たいまつ》をともしつれ、…長浜近辺之町人百姓等、酒飯赤飯馬の飼など持出、一村〳〵備へまうけさゝげしかば、餅を手づから取て、褒美《ほうび》し給ひし事あまたたびなり、人馬力を得《え》一きはいかめしめやかに其勢甚以夥《おびただ》し、嶺より峰わきへ松明をともし立、万灯会も物かはなれば、秀吉卿当地参陣やらん、松明のかず莫大なり

とあり、沿道に百姓等が松明をともし、長浜近辺の町人・百姓等が酒食赤飯・馬の餌《えさ》をも持って、大垣から帰る将兵をもてなしたとある。合戦直後に記された『柴田合戦記』では、食糧を木之本まで運ぶことのみが記されていたのに、近世前期に成立した『太閤記』では、沿道における松明用意・食糧補給の話に転化されている。明らかに、時代とともに物語性を増すための脚色が施されていったと言える。秀吉大返しへの住民協力は、『柴田合戦記』が記すように、長浜町民らが木之本まで食糧を運んだという事実のみだったと考えた方がよいだろう。

五　秀吉勝利の意味

長浜城での戦勝祝い　秀吉が大垣から帰っての戦況は、軍記物による以外描けない。具体的な秀吉攻撃の様子を記した一次史料は存在しないのである。秀吉軍は大岩山から自らの陣地に戻る佐久間軍の後方を急襲、二十一日の明け方頃には七本槍の面々が柴田軍に突撃、混乱した柴

田軍は越前国境から北庄へ逃れた。柴田軍敗退の様子を、秀吉は二十一日付けの美濃国高木貞利宛て書状（高木文書、646）において、「今日巳刻《みのこく》一戦に及び切り崩し、柴修（柴田勝家）・玄番（佐久間盛政）其外一人も漏らさず悉く討ち果たし」とあるので、秀吉としては巳刻、つまり午前十時頃に合戦の決着がついたと判断していたと見られる。

秀吉は勝家を追い、二十三日には北庄に到着、翌日には柴田勝家を自刃させ、二十八日に金沢城まで到り越中国まで勢力を伸ばしていた上杉氏を牽制している。五月三日には北庄城へ戻り、五日には長浜へ帰着した。五月七日には京都から勅使として訪れた吉田兼見《かねみ》と長浜城で面会、太刀を与えられ朝廷からの祝賀を受ける。この長浜での祝賀の模様は、『兼見卿記』のみが伝える所であったが、「新出史料」である五月七日付け、勧修寺晴豊宛て秀吉書状（滋賀県立安土城考古博物館蔵文書、699）によって、秀吉自身の言葉で知ることができるようになった。

この段階で、秀吉は無位無官の「平人」であったのに対し、織田信雄は正五位下左近衛権《ごんの》中将、両者の日本国政上の高低は明白であった。藤田達生氏は賤ヶ岳合戦後においても、秀吉の正当性は織田家の家臣という以上のものでなかったとする。さらに、小牧・長久手合戦という「天下分け目の戦い」を経過して、秀吉が織田家の家臣としての地位を脱し、独自の政権として確立するのは、天正十三年（一五八五）三月の内大臣任官時であったとする。一方、尾下氏は秀吉が織田信雄を京都から追う、賤ヶ岳合戦後の天正十一年（一五八三）九月を、豊臣政権の始期と見る。

いずれにしても、賤ヶ岳合戦は名分としては天下人を目指す信雄と信孝の「天下分け目の戦い」であったとする藤田達生氏の評価は、正鵠《せいこく》を得たものである。しかし、実質的には織田家臣団の内部抗争の域を出ず、後の小牧・長久手合戦や関ヶ原合戦のような全国的な戦闘の広がりはなかった。ただ秀吉はこの合戦を経験しないかぎり、織田家の家臣として地位を脱し、天下人となることはできなかったのである。

賤ヶ岳から見た古戦場と余呉湖

発掘された伝秀勝墓
長浜市市民協働部歴史遺産課提供

第十章　伝羽柴秀勝墓の発掘と埋葬者

一　「石囲い箱棺墓」の発見

伝羽柴秀勝墓の発掘　平成十五年十二月一日、長浜市教育委員会の文化財室は、市制六十周年記念行事として取り組んできた長浜妙法寺（長浜市大宮町所在）の伝羽柴秀勝墓について、その発掘調査結果を公表した。妙法寺は長浜城下町の南東に、秀吉城下町時代から存在する日蓮宗寺院である。羽柴秀勝は、夭折《ようせつ》した秀吉の実子という寺伝がある。平成十四年の秋、妙法寺の意向により、この墓の墓石と廟堂《びょうどう》（鞘堂《さやどう》）が、本来の墓地から五十メートルほど西にある本堂前へ移転された（十月十四日　遷座法要）。今回の発掘は、この墓石の移転が発端となった。

長浜市教育委員会では、平成十四年の九月から十月にかけて墓石と廟堂が移動した跡地を発掘し、墓の一部と見られる土饅頭《どまんじゅう》（土の高まり）を検出していた。今回発表した平成十五年の調査では、その墓石下の土饅頭の発掘をまず行なったが、残念ながら埋葬施設を確認することはできなかった。この土饅頭は、廟堂（鞘堂）をともなう墓石の下から現れたもので、当初からこの下に埋葬施設があると考えられていたのである。

石囲い埋葬施設の発見

ところが、そこで諦めなかったことが、今回の大発見につながる。教育委員会では周辺の発掘確認も行ない、墓石が建っていた場所から約二・五メートル南、土中約五センチから、石囲いの埋葬施設（石囲い箱棺墓《はこかんぼ》）を検出した。この埋葬施設は、一メートル四方の石囲いがなされ、石は動かないよう粘土で固定されていた。石囲いから下へ続く穴は、底部まで一メートル三十センチほどあり、上部の石囲いを除く側面は、粘土や砂泥《さでい》・礫《れき》などをつき固めて造られていた。穴の中からは木棺に使用されたと思われる釘《くぎ》は見つかったものの、残念ながら棺や骨は確認されなかった。これは、石囲い施設に抉《こ》じ開けられた形跡があることから見て、近世の段階で盗掘にあった結果と考えられる。

今回、石囲いの埋葬施設が検出された場所は、地表面からはわずか約五センチと浅いが、墓が造られた当初は、この埋葬施設の上に、高さ一・五メートルほどの土饅頭が築かれていたと考えられる。おそらく、移転した伝秀勝墓石と廟堂は、本来この発掘された南側の石囲い埋葬施設の上にあったものが、時代の変遷にともない旧地が忘れ去られ、この時確認された北側の土饅頭の上に置かれるようなったと考えられる。

発掘された墓の評価　この発掘調査にともない、コメントを求められた大阪樟蔭《しょういん》女子大学の佐久間貴士教授は、この石囲い埋葬施設を、安土桃山時代の大名一族の墓と結論している。それは、今回発掘された墓が、江戸時代の大名とその一族が葬られた「石槨《せっかく》箱棺墓」に類似しているからである。ただ、近世大名の墓が木棺全体を小石室で囲うのに対して、今回発掘された墓が、上部だけ石で囲ってある点を重視して、室町時代の「塚墓」からは一歩進んだ形の「石囲い箱棺墓」と言うべきものと規定した。さらに長浜市教育委員会は、現存する秀勝墓石についても、越前一乗谷遺跡の石造物と比較し、秀勝が没したという天正時代（一五七三〜九二）の作であることを確認している。

この発表は広く関心を呼び、多くの新聞に記事が掲載された。そこでは、「秀吉の実子・秀勝　実在か?」・「豊臣秀吉の実子、墓の一部見つかる」などの「見出し」が目立つ。寺の伝承どおり、夭折した秀吉の長男が実在したことが、この墓の発見で証明できたのか否かに話題が集中していた。ただ、一連の報道では、墓の主と「秀勝」の関係、それに秀吉実子についての情報などに、若干の混乱があるようである。ここでは、伝羽柴秀勝墓にまつわる史料や伝承を整理し直し、この時発見された墓が誰のものであるのか、冷静な目で考えてみたい。

二　「朝覚」をめぐる古文書と伝承

墓石と画像　そもそも、妙法寺は秀吉の命によって、浅井氏の小谷城下から移転した寺院である。天正四年（一五七六）十月十四日、秀吉の男子が夭折し、その子を葬った寺とされ、境内地の東奥に墓所が設けられていた。その墓所の奥、石組基壇の上に祀られた墓石は、鞘堂に覆われていた。墓石正面には、日蓮宗の髭題目《ひげだいもく》の下に「朝覚霊位」と刻まれ、側面には向かって右に「天正四年」、向かって左に「十月十四日」と命日が刻まれている。この墓石が今回の調査にともなって、天正年間のものと確認されたこと、平成十四年に本堂前に移されたことは、先に述べたとおりである。

また、妙法寺にはこの「朝覚」とされる童子像も伝来していた。この像の左には「本光院朝覚居士」、右には「天正四丙午暦《ひのえうまのとし》十月十四日」と記され、上部には法華経の譬喩品《ひゆほん》と方便品《ほうべんぽん》の偈《げ》があったことが知られているが、昭和二十七年（一九五二）に起きた妙法寺の火災により焼失した。ここで最初に確認したいのは、この墓石に名前がある「朝覚」なる人物が、この墓の主だということである。さらに、法名や命日が一致する画像に描かれた童子も、間違いなく埋葬されている人物、すなわち「朝覚」を描いたものである点である。

「朝覚」の廟堂　妙法寺所在

「朝覚」の画像　妙法寺旧蔵

「朝覚」夭折と寺領寄進　この「朝覚」夭折にあたっては、妙法寺はじめ長浜周辺のいくつかの寺院に、秀吉から供養領が寄進された形跡がある。まず、江戸時代に長浜での「秀吉信仰」の中核となる知善院（長浜市元浜町所在）である。天正四年（一五七六）十月二十二日、秀吉はこの寺へ「朝覚」の供養料として、伊香郡井口《いのくち》村（現在の長浜市高月町井口）の寺領三十石を寄進したと言われている。知善院には、その秀吉寄進状の写（知善院文書、130）が伝来しているが、そこでは寄進の事実は確認できるものの、「朝覚」のための寄進であったかは明示されていない。

浅井三代の菩提寺として知られる徳勝寺（長浜市平方町所在）にも、「朝覚」に関わる秀吉文書が伝わる。それは、天正四年十月十五日付けの寄進状（徳勝寺文書、129）で、長浜市指定文化財になっている。やはり、秀吉が医王寺に対して、知善院と同じく井口の地で寺領三十石を寄進したことが明記されている。医王寺は、小谷から坂田郡平方村に移った徳勝寺に合併された寺院で、坂田郡堀部村（長浜市堀部町）にあったと推定される。ここでも、この寄進が「朝覚」のためであることは記述されていないが、彼が没した翌日付の寄進であることは、その夭折と何らかの関わりがあることを認めざるを得ない。

墓がある妙法寺にも、秀吉の寺領寄進状（妙法寺文書、2045）が残る。ただ、その日付は前記の二寺院のものからは遅れ、天正十四年（一五八六）十二月八日付けである。没後、十年が経過していることになる。坂田郡南《みなみ》小足《こあし》村（長浜市南小足町）と北小足村（長浜市新栄町の一部）で三十石を、妙法寺に寄進する内容である。この寄進も、寺伝では「朝覚」の菩提を弔うために秀吉から受けたものと説明するが、寄進状自体にはその目的は表記されていない。

これらの内、特に知善院と徳勝寺への寄進は、文書の日付からみて、天正四年十月十四日に没した秀吉の近親者があるとすれば、その供養領と解釈することは十分可能である。しかし繰り返すが、これらの文書には、それが「朝覚」の供養領だとは記されていない。ましてや、妙法寺に眠る「朝覚」が秀吉の実子であるかは、何も語らないのである。

秀吉の男子出生伝承　ただ、妙法寺に埋葬された人物が、秀吉の実子だという伝承は、比較的古くからあったようである。享保十九年（一七三四）に成立した、近江国の代表的な地誌である『近江輿地志略』は、次のように記す。

妙法寺、長浜にあり、法華宗、京都妙顕寺の末寺也、相伝《あいつたう》古昔は浅井郡小谷長尾山にあり、後此地に移す、豊臣秀吉公の末子、次郎早逝《そうせい》す、則当院に葬る、本光院朝覚居士と諡《おくりな》す、茲《これ》に因て小足村の内にて三十石の寺領を賜はる、今に於て御朱印地也、ここに言う「豊臣秀吉公の末子」は、大坂の陣で敗死した豊臣秀頼と考えられるから、この文章は歴史的には誤りをおかしている。その点は差し引くとして、「朝覚」を「次郎」と呼び、秀吉の男子であることを記述している。

これと関わるのが、長浜における曳山の起源に関する伝承である。長浜城主であった秀吉に男子が出生した。それを喜んだ秀吉が、町衆に砂金を振舞ったのを元手に建造されたのが、長浜曳山祭の十二基の山であるという言い伝えである。この伝承の起源は、現在のところ寛文六年(一六六六)の奥書がある『江州湖東八幡宮勧請《かんじょう》並《ならびに》祭礼之由来』までさかのぼれる。先の『近江輿地志略』の記述も勘案すると、江戸時代初期には、長浜における秀吉の男子出生伝承が成立していたと考えられる。

しかし、この話も秀吉時代の史料から跡付けることはできない。すでに秀吉没後五十年以上が経過し、「秀吉信仰」が成立する中で男子出生が語られても、それは伝承の域から出ないと考えるべきである。そこでは、人びとの秀吉への愛着と期待が介在し、一種の神話を形成する土壌が成立していたからである。ともかく、妙法寺に埋葬された「朝覚」が、秀吉の実子であるという伝承を裏付ける確実な史料は、今のところ見出しえないことを、再び確認しておこう。

「秀勝」は「朝覚」か　一方で、この「朝覚」の実名を「秀勝」と言ったとする伝承がある。この章の表題にも「伝羽柴秀勝墓」という言葉を使い、いかにも「朝覚」と「秀勝」が同一人物のように記してきたが、これは現在通常使われている名称を、便宜《べんぎ》的に使用したにすぎない。「朝覚」を「秀勝」と言ったかについては、確実な証拠がある訳ではない。先の『近江輿地志略』でも、「朝覚」を「次郎」とは記すが、「秀勝」とは記していない。この点からすると、江戸前期には、この伝承は成立していなかったのではないか。

先に「朝覚」に関わる寄進状があると記した徳勝寺には、「朝覚」の位牌も現存する。この位牌には、秀吉の法名と並んで「朝覚　大禅定門　次郎秀勝君」とあり、裏面には「天正四子年十月十四日」と命日も刻まれている。この位牌が製作された年代は特定できないが、江戸後期まではさかのぼれるであろう。ここでは、「朝覚」＝「秀勝」という伝承が、すでに成立している。また、明治二十二年（一八八九）に出版された『近江農商工便覧』に載る妙法寺の図には、今回発掘された墓所を「秀勝公御廟」と明記している。

これらから、少なくとも「朝覚」＝「秀勝」とする伝承は、江戸後期には定着していたと考えられよう。しかし、「朝覚」＝「秀勝」の事実は、秀吉の同時代史料からは、まったく確認できない。そもそも、画像のような元服前の童子に、「秀勝」という元服後の実名があったのかは、大いに疑問が残るところである。

三人いた秀勝　ただ、墓に眠る「朝覚」が秀吉の実子と仮定した場合、その子に実名があるとすれば「秀勝」であったとする推論は、それなりに説得力がある。秀吉は後世、「秀勝」と名乗る二人の養子を迎えているからである。

一人は、信長の五男の羽柴於次《おつぎ》秀勝。天正六年（一五七八）頃に秀吉の養子になったと見られており、長浜領内に安堵状や禁制を出しており、天正九年（一五八一）に秀吉に代わって長浜領を統治するようになったことは第五章で触れた。秀吉との連署形式を含めれば、湖北には計十点の文書が存在したことが分かっている。本能寺の変後、天正十年（一五八二）に大徳寺で行なわれた織田信長の葬儀では、その位牌を持って参列し、喪主をつとめたことは有名である。同年には丹波亀山城主になっているが、天正十三年（一五八五）に十八歳で病没した。

もう一人の秀勝は、秀吉の姉とも（瑞龍院日秀）の次男にあたる豊臣小吉《こきち》秀勝である。後に関白となる豊臣秀次の弟に当る。於次秀勝の領地を引き継ぎ、丹波亀山城主となった。秀吉の九州攻めなどに従軍したが、文禄の役で朝鮮に渡り、唐島（巨済島《きょさいとう》）で戦病死した。浅井三姉妹の三女である「江《ごう》」が、徳川秀忠に嫁ぐ前に結婚していた相手であったことも知られるが、二十四歳の若さで亡くなっている。

このように、秀吉は次々と迎えた養子二人に、「秀勝」と同じ名前を与えた。「秀勝」という名前に、秀吉が相当執着していたことが分かる。さらに、最初の秀勝は「於次」と称したが、これは「二代目の秀勝」の意味であろう。それ以前に「初代の秀勝」がいたと考えるのが自然である。その秀勝が実子でありながら夭折したため、その思い出を込めて二人の養子に「秀勝」の名をつけたという解釈は、十分成立するものである。

ただ、それでも妙法寺の墓に葬られた「朝覚」が、「秀勝」と言ったという証明にはまったくならない。その蓋然性《がいぜんせい》は否定できないが、当時の記録に、たとえば墓石や画像自体に、その名が記されていないかぎり、「朝覚」が「秀勝」であると言い切ることはできないのである。その「朝覚」＝「秀勝」伝承の成立が、江戸後期をさかのぼらないとすれば、後世の人びとが以上の理由から、秀吉の実子であれば「秀勝」と名乗ったに違いないと考え、「朝覚」と同一視したとみるべきであろう。

「石松丸」は「朝覚」か　もう一つ、この墓の主を「石松丸」とする説がある。これは、竹生島文書に収められた「竹生島奉加帳」に載る「石松丸」が、秀吉の夭折した男子だと推定した

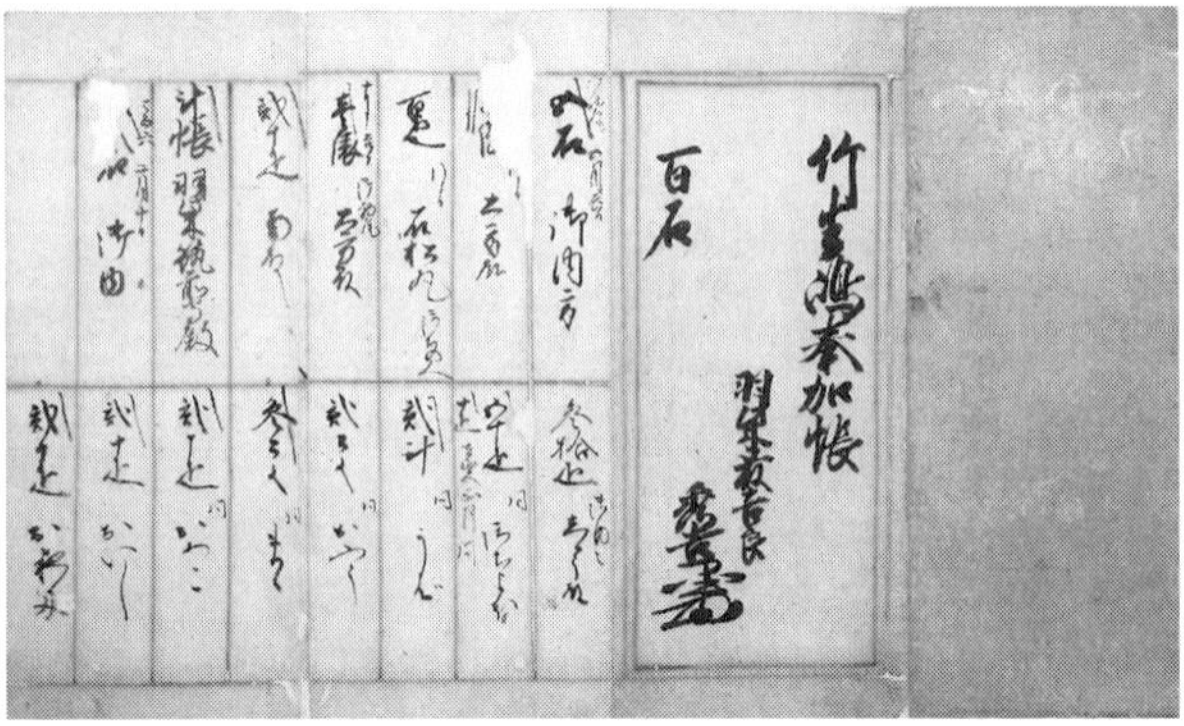

竹生島奉加帳（冒頭）　竹生島宝厳寺蔵

もので、戦前から秀吉研究を継続し、その第一人者と目されてきた桑田忠親《ただちか》氏らが説くものである。「竹生島奉加帳」は、第三章でも秀吉家臣の復元に利用したが、秀吉自身をはじめ、長浜城主秀吉の家族や家来が、観音霊場・弁才天信仰の島として知られる竹生島に、金品を奉納した記録である。その年代は、天正四年（一五七六）四月を最初に、天正十六年（一五八八）にまで及んでいるが、そのほとんどは秀吉の長浜城主時代の寄進記録とみなしてよいであろう。

この奉加帳は折本の形状をしており、冒頭に秀吉による百石の寄進を記した後、北政所（秀吉夫人ねね）や大政所（秀吉生母なか）など秀吉家族の寄進記録が、上下二段に分かれて記されている。その中で、上段三番目に「石松丸」の名が見え「御ちの人」との注記がある。「御ちの人」は、「御乳の人」で幼児を指すのであろう。さらに上段五番目には「南殿」の記述ある。桑田忠親氏は、この「石松丸」が秀吉の実子であり、「南殿」が秀吉の側室で、この「石松丸」の生母ではないかと類推したのである。

確かに「石松丸」は、この奉加帳の中で、秀吉の家族と思われる位置に記されており、その実子であったとしても不自然ではない。しかし、「南殿」がその生母というのは、まったくのツジツマ合せで、秀吉研究の第一人者たる桑田氏に失礼であるが、歴史学の論証としては成立しない。「石松丸」と「南殿」は、共に秀吉の近親者という以外、この奉加帳は何も語らないのである。さらに、この奉加帳は「石松丸」が、秀吉のいかなる近親者であるかも一切語らない。ましてや、「朝覚」と同一人物であるか否かは、まったく証明しようがないというのが実情である。なお最近和田裕弘氏は、「石松丸」が朝倉景鏡《かげあきら》の子を秀吉が養子にしたものとの説をとなえている。

三　墓の主を推察する

墓の主は秀吉一族　以上、きわめて複雑な検証を繰り返したので、ここでもう一回まとめておこう。平成十五年に発見された「石囲い箱棺墓」の埋葬者は「朝覚」で、それは妙法寺に伝来した画像の童子と同一人物である。この「朝覚」については、長浜周辺の寺院へ供養領の寄進の伝承がいくつか伝わる。しかし、この童子が秀吉の実子である確証はなく、さらに「秀勝」

あるいは「石松丸」と言ったかについても証明できない。最初に触れたマスコミの興味に引き付けて言えば、この墓の主が秀吉の実子であったかについては、今のところ肯定する要素もなければ、否定する要素もないのである。

ただ、今回の発掘は「朝覚」なる人物が、大名一族であったことを証明した。それも、埋葬施設の形状などから、秀吉の長浜城主時代の遺跡であることも確認できた。この時代、長浜に葬られた大名一族と言えば、秀吉の一族しか歴史的には考えられない。したがって、この発掘によって、「朝覚」は秀吉一族の童子であることは確実となった訳である。秀吉の長浜城主時代に、夭折した秀吉一族の男子がおり、妙法寺に丁重に葬られた。さまざまな伝承や推論を排除して、今回の発掘調査の成果を一口で言えば、こういうことになろう。これは織豊期（織田豊臣時代）の研究において、画期的な考古学上の発見と言え、新聞が大きく取り上げたのは当然であった。

山内一豊の母の埋葬地　ここで結論を出す前に、墓主についてもう一つの可能性を示せば、長浜に葬られた大名一族としては、天正十四年（一五八六）七月十七日に死去した、山内一豊の母・法秀院を上げることができる。後に高知城主となる秀吉家臣・山内一豊は、秀吉が長浜を去っ

要法寺　高知県高知市所在

た後、天正十三年（一五八五）から五年間、第三代の長浜城主をつとめたが、その出身の尾張時代から、山内家は日蓮宗寺院を菩提寺としていたと見られる。

山内家の家伝記によれば、一豊は母を長浜の要法寺に葬ったと記す。要法寺は山内家の転封にともなって、長浜から掛川（静岡県掛川市）、そして高知（高知県高知市）に移され現存するが、その高知の要法寺に蔵される「日蓮聖人曼荼羅《まんだら》本尊」にある「江州長浜」の墨書銘から、かつて長浜に寺があったことは確実である。しかし、長浜のどこにあったかは分からない。同じ日蓮宗ということと、さらに大名一族が埋葬された者とすると、あるいは妙法寺の「石囲い箱棺墓」が一豊母の墓と考えることもできる。ただ、これでは妙法寺に伝来した童子像が、墓の主であることを否定することになり、本論を根本から見直す必要が生まれる。さらには、米原市宇賀野に一豊母・法秀院の墓が現存することから、この説の成立は否定しておく。

墓の主は秀吉の甥か　墓の主、すなわち「朝覚」が秀吉一族と分かり、それとは別に長浜で秀吉男子出生の伝承があれば、いくら慎重な歴史学においても、秀吉実子の墓と認めてよいと思われるかもしれない。しかし、それでも私が躊躇《ちゅうちょ》するのは、戦前の中世史の権威として知られる渡辺世祐《よすけ》氏の著作『豊太閤の私的生活』（昭和十四年刊）に、次の記載があるからである。

妙法寺は太閤の姉日秀の開基である京都の瑞龍寺から今日に至る迄常に参詣もし、本来の関係を持続して居る様である点から考へれば、本光院朝覚居士は或は日秀の子であって、秀次などと兄弟であって、早くから太閤の養子となったのではあるまいかとも考へられる。

すなわち、「朝覚」は秀吉の姉日秀（とも）の子で、秀次や小吉《こきち》秀勝の兄弟ではないかと言うのである。つまり、秀吉の甥に当る。瑞龍寺は京都村雲にあった日蓮宗唯一の尼門跡寺院である。その場所は、現在の京都市上京区竪《たて》門前町に当たる。文禄五年（一五九六）、日秀が前年に高野山で自害した子息・秀次の追善のため建立した寺院として知られる。寺号は後陽成《ごようぜい》天皇からの下賜で、この時には寺領一千石も与えられたという。明治維新後は衰微したが、昭和三十六年（一九六一）、秀次が城主をつとめた近江八幡城の旧地に移転した。すなわち、滋賀県近江八幡市の八幡山々頂である。

「豊国大明神」と神になった秀吉であるが、その若年期から青年期にいかなる宗教を信仰していたかは明確ではない。少なくとも、日蓮宗と秀吉に密接な関係があった様子はうかがい知れない。夭折した童子を葬るのに、わざわざ湖北では珍しい日蓮宗寺院を選んでいる事実は、姉日秀の日蓮宗信仰と関連づけて考えざるを得ないであろう。夭折した男子が、秀吉の姉・日秀の子であったと考えることは、現在において最も合理的な推論と考える。渡辺氏は「朝覚」が兄弟の秀次や小吉秀勝のように、秀吉の養子になっていたとするが、丁重な葬り方をみれば、その可能性も否定できない。

発掘された伝羽柴秀勝墓に眠る秀吉一族は、秀吉の実子であるのか、それとも秀吉の姉の子であるのか、はたまた別の一族であるのか。墓の主をめぐる謎解きは、まだ終わった訳ではない。そして、この墓をめぐって、これだけの伝承が成立するのは、正しく秀吉に関わることだからであり、これも後述する「秀吉信仰」の一形態として評価しなければならない。

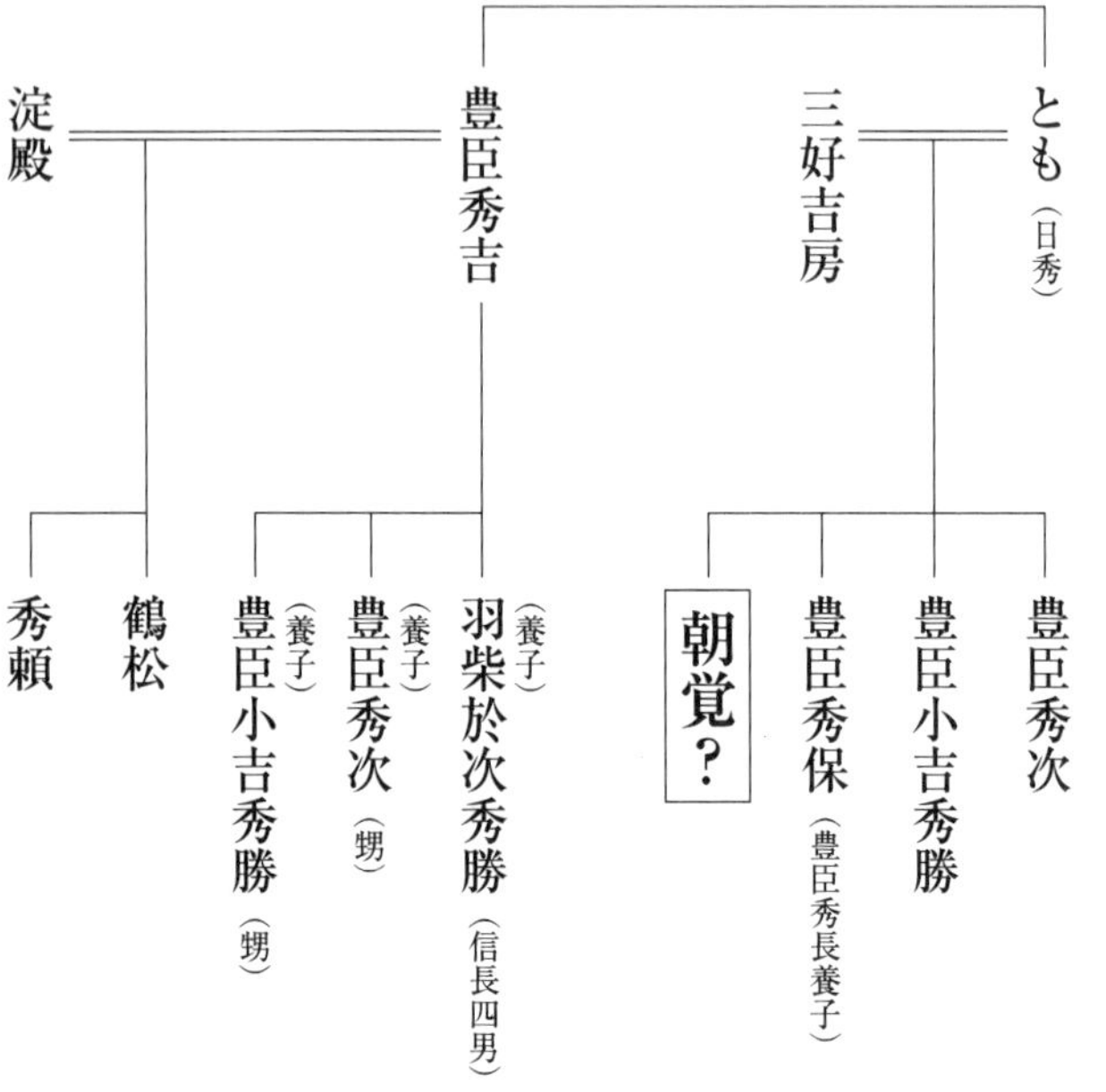
とも（日秀）
三好吉房
豊臣秀吉
淀殿
豊臣秀次
豊臣小吉秀勝
豊臣秀保（豊臣秀長養子）
朝覚？
（養子）羽柴於次秀勝（信長四男）
（養子）豊臣秀次（甥）
（養子）豊臣小吉秀勝（甥）
鶴松
秀頼

「朝覚」をめぐる系図

第十一章　湖北・長浜での秀吉信仰

一　長浜にとっての秀吉感

湖北・長浜と秀吉　湖北・長浜にとっての豊臣秀吉は、善悪さまざまな顔を持つ。それは、時代によって変化していったもので、一応次のように分類できよう。

①元亀元年（一五七〇）～元亀四年（一五七三）　浅井氏攻めの先陣をつとめる木下秀吉

この時代は、浅井長政を攻撃する織田信長軍の先陣として、木下秀吉は活躍する。元亀元年（一五七〇）の姉川合戦の後は、横山城を守備、さらに元亀三年（一五七二）からは虎御前山城に入り、その陣頭指揮をとった。この間、湖北の浅井方の拠点を攻撃した他、多くの寺社を焼いている。この時期の秀吉は、湖北・長浜の住民にとって敵対者であった。

②天正元年（一五七三）～天正十年（一五八二）　湖北の領主・長浜城主であった羽柴秀吉

天正元年に、足掛け四年にわたり抵抗を続けた浅井氏は滅亡する。改姓した羽柴秀吉は信長から、その戦功著しかったことへの恩賞として、浅井氏の旧領である湖北三郡の地を与えられた。また、彼は長浜城を新たに築城すると共に、城下町を建造し領国の核とした。この間の秀吉は、占領軍の大将として活動したが、新たなる都市政策を行ない、近世につながる農村政策を打ち出すなど、大いに湖北の再興に尽くした。この時期、秀吉は湖北・長浜の新たなる指導者・統治者として転身する。

③天正十一年（一五八三）～慶長三年（一五九八）　天下人としての秀吉

羽柴秀吉は、信長が倒れた本能寺の変後に長浜城を離れ、賤ヶ岳合戦・小牧長久手合戦・小田原の陣などを経て、天下人・豊臣秀吉にのし上がっていく。この間、秀吉は長浜に対して、さまざまな夫役《ぶやく》をかけている。賤ヶ岳合戦にあっては、木之本までの食料輸送を命じ、小牧長久手合戦にあっては、尾張方面への物資の輸送を命じている。さらに、文禄・慶長の役では、長浜の船持に対して水夫役も課している。この時代、長浜町民にとっての秀吉は、逆らうことができない天下人であった。

④慶長三年（一五九八）～　「秀吉信仰」の成立

慶長三年（一五九八）八月十八日、秀吉は伏見において六十二歳で病没する。この後、各地に豊国社が建立され、秀吉は「神」として祀《まつ》られるようになる。長浜でも豊国社が勧請され、秀吉を祀る社《やしろ》は江戸時代を通して、町年寄によって護持された。全国的には、江戸時代の秀吉への信仰は、現政権である徳川幕府への批判の意味を多少なりとも持っていたが、湖北・長浜の「秀吉信仰」も同様である。江戸時代の長浜は、彦根藩によって支配されていた。開町の恩人としての信仰と共に、彦根藩支配への反発も、長浜の「秀吉信仰」には入り混じっていた。

「秀吉信仰」と秀吉の実像　本章では、④の部分である湖北・長浜での「秀吉信仰」について考えてみたい。すでに明らかなように、「秀吉信仰」は彼の事蹟そのものとは別である。秀吉生前の湖北・長浜での秀吉観とは、まったく異なるものであることは十分注意しておく必要がある。江戸時代の人々が秀吉をいかに評価し、いかに祀ったかの問題なのであって、これは江戸時代の世相や思想を、秀吉という人物を使って投影した姿なのである。生前の秀吉と湖北・長浜の住民との関係は、先に見たように「信仰」からはほど遠い、現実的な領主と領民の関係であった。この点を理解した上で、湖北・長浜での「秀吉信仰」のあり方を詳しく探ってみよう。

知善院表門

二　「秀吉信仰」の寺としての知善院

知善院と秀吉　長浜の「秀吉信仰」の中心となったのは知善院（長浜市元浜町所在）である。天台真盛宗《しんせいしゅう》の寺院である知善院は、天正二年（一五七四）に、長浜城下町を建造していた秀吉によって、浅井郡の小谷城下から現在地に移された。その位置は、長浜城下町北部の旧知善院町で、長浜城の鬼門にあたるという。秀吉の長浜城主時代、前章で述べたように、その長男と伝えられる法名朝覚が早世すると、天正四年（一五七六）十月二十二日、秀吉はその供養料として伊香郡井口村（長浜市高月町井口）で寺領三十石を、知善院へ寄進している。この寺領は、天正十九年（一五九一）の検地後に行なわれた寺領改めにより、浅井郡下八木村（長浜市下八木町）十七石、同郡草野田村（長浜市太田町）十三石の都合三十石に変更されたが、江戸時代を通じて朱印地として存続した。また、知善院の本尊である阿弥陀三尊像は、秀吉が中国攻めの途中、播磨国の書写山円教寺（兵庫県姫路市）へ進駐した際に、その境内から持ち出し長浜に運んだものという。

このように、知善院は生前から秀吉と深い関係があった寺院である。また、秀吉没後もゆかりの品々が寄せられている。当寺の本尊向かって左の厨子《ずし》内には、木造の豊臣秀吉坐像（長浜市指定文化財）が祀られている。この像は、秀吉の御伽衆《おとぎしゅう》・曽呂利新左衛門の作で、大坂城の天守閣に安置されていたが、大坂落城の折に侍女が持ち出し、その供養を知善院に依頼したものと言われる。この侍女は長浜の町年寄・吉川三左衛門の娘であった。吉川家は、当院の大檀那であったので、その縁で寄進されたものだが、知善院が長浜の「秀吉信仰」の中心となっていくのは、この頃からと考えられる。

木造豊臣秀吉坐像　知善院蔵

さらに、知善院には秀吉の側室で、豊臣秀頼の母として知られる淀殿（茶々）の自筆消息《しょうそく》（長浜市指定文化財）が伝わる。この消息は、その妹婿にあたる京極高次に宛てたもので、本来は知善院に伝来したものではない。ある時代に信者から寄進されたものであろうが、秀吉と当院の深い関係を配慮しての寄進と考えられる。

知善院観音堂の建立　知善院において、「秀吉信仰」の具体相が確かめられるのは、元禄十三年（一七〇〇）から計画され、元禄十五年（一七〇二）に完成した観音堂の建立が最初である。この観音堂は、町年寄・吉川三左衛門ら長浜の町民百三十七人が、「地子報恩講」を結び建造したものである。堂内部の中央に現存する木造十一面観音坐像（重要文化財）を祀っていたが、その左右には豊臣秀頼八歳の書と記された「豊国大明神」の神号と、徳川家康の神号「東照大明神」を飾っていた。「豊国大明神」の神号軸は、浅井郡三川村（長浜市三川町）新兵衛による寄進であった。

「地子報恩講」の「地子」とは、天正十九年（一五九一）五月九日の豊臣秀吉朱印状によって長浜町に与えられた、三百石の年貢（地子）免除地のことである。この年貢免除は、元々は秀吉が城下町への町民誘致策として打ち出したものであった。この朱印状によって、長浜町民の特権として制度的に認められるようになり、年貢免除区域を朱印地と呼ぶようになったことは、第七章で触れた。この朱印地は、江戸時代に至るまでも保証され、長浜町発展の基礎を築いた制度と理解されるようになる。すなわち、町人自治のシンボルと、江戸時代の長浜では理解されていた。「地子報恩講」とは、朱印地を与えてくれた秀吉を礼拝するもので、この堂は実体として秀吉廟であった。それをカモフラージュするため、観音像や家康の神号を祀ったものと推定される。

「観音堂建立落成記」の記述　知善院には、元禄十五年（一七〇二）に作られた「観音堂建立落成記」が残されている。その冒頭には、次のように記される。

長浜町地子三百石、太閤公御朱印成《な》し下させられ、今に代々ご赦免、御恩報し難《がた》く寸志《すんし》無しと雖《いえど》も、空《むな》しく数年を送るを嘆く、地子報恩講を結び十八日毎《ごと》に信成を勤め来たる哉《や》、不思議十一面観音像・大明神・大権現両御名号《みょうごう》を知善院に寄進あり、此《これ》に依り此の結縁信心の輩《ともがら》助力を加え、元禄十五年壬午《みどのえうま》三月、当院に仮堂を建て、観音を安置仕り（後略）、

十八日に法要を行なっているのは、秀吉の命日と観音の縁日が、たまたま重なったためだが、この堂において、秀吉神号と観音像を同時に祀るのは、この偶然性を利用してのことと考えら

れる。さらに、「建立落成記」には、三月十七日から四月十八日まで、観音堂の開帳を行なったとあり、「願主」として「地子報恩講中」、「施主」として「長浜町惣中」の名が記されている。まさに、これまで育んだ「秀吉信仰」の集大成として、この堂が建立されたことが分かる。ちなみに、この観音堂の建設にあたった大工は、長浜の曳山大工として著名な藤岡甚兵衛である。

秀吉の年忌法要　知善院では、その後も秀吉の遠忌《おんき》法要が行なわれている。延享四年（一七四七）八月には、秀吉百五十回忌を、寛政七年（一七九五）八月には二百回忌を、弘化四年（一八四七）には二百五十回忌をそれぞれ修している。現代に至っても、昭和六年（一九三一）六月十七日・十八日の両日にわたり、秀吉三百五十回忌の法要を行なった（実際は、三百三十一回忌にあたる）。この法要では、十八日に献茶式も行なわれている。

この三百五十回忌は、長浜町はもとより周辺の湖北地域から、多くの寄附金を募り行なわれた。その参会者は、長浜町長笹原司馬太郎をはじめとする名士、長浜内の各自治会の代表や町民有志、それに寺院関係者など約四百五十人に及び、経費は一一九七円余を計上している。昭和初期に至っても、秀吉の供養が町全体で行なわれていたことが分かり、「秀吉信仰」の持続を跡づけることができる。

三　長浜八幡宮と曳山祭

長浜八幡宮と秀吉　長浜八幡宮も、生前の秀吉によって保護を加えられた神社である。秀吉は、長浜城下町の南部・八幡《やはた》町附近にあった当社を、現在地に移転させ東西二町、南北一町の社地を年貢免除地として保証した。天正二年（一五七四）二月二十日には、寄進状を出して寺領百六十石の安堵をしている。この寺領は、天正十九年（一五九一）には百七十石の朱印地として確定している。また、秀吉は天正二年から翌年にかけて、元亀争乱で荒廃した社殿復興を手がけたと伝えられ、さらに天正八年（一五八〇）からも社殿の造営を行なったという。おそらく、前者が仮復興で、後者が本格的な復興事業として位置付けることができよう。

長浜八幡宮の学頭として知られる舎那院には、天正九年（一五八一）八月三日の年紀が入った「阿弥陀三尊懸仏」が現在も保存されている。これは、裏面の墨書から「羽柴秀吉殿御れう人」の「息災延命」を祈って奉納されたものであることが分かっている。「御れう人」＝「御料人」については、秀吉の生母「なか」を指すという説や、夭折した秀吉の男子を指すという説がある。また、同じく舎那院に伝わる薬師如来坐像（長浜市指定文化財）は、本来は長浜八幡宮の薬師堂（現在の天満宮）の本尊である。この像も、知善院の本尊と同様に、秀吉が書写山円教寺から長浜へ持ち帰ったものとされ、像容も中国地方系と言われる。

八幡宮の「秀吉信仰」　このように長浜八幡宮と秀吉は、元々深い関係にあったので、江戸時代においても秀吉を祀る信仰行事は行なわれていたと考えられるが、意外とその証明は難しい。唯一、当社に残る豊臣秀吉像は、当社での「秀吉信仰」の具体例として貴重な作品である。その表具裏面の墨書から、寛政九年（一七九七）に秀吉二百回忌の本尊として、当社の妙覚院らが、画家「源瑛昌」に描かせたものであることが分かる。この点から見ても、知善院と同様に、長浜八幡宮でも秀吉の年忌法要が、定期的に行なわれていたことが判明する。

なお、長浜八幡宮の別当社坊であった妙覚院の庭園は、現在「旧汲月亭庭園」として保存されている。約八十七坪の小庭ながら、枯滝や枯流れを配し、小気味よい石組が印象的で、長浜を代表する名園として著名である。この庭園の作者は、秀吉の御伽衆として知られる曽呂利新左衛門であるという言い伝えがある。庭が作られた時期は、安土桃山時代でこの伝承と一応一致する。歴史学的には曽呂利新左衛門の実在が明確でない中、この伝承の実否を確かめることは、もちろん不可能である。しかし、このような秀吉ゆかりの伝承を生んだ背景にも、長浜八幡宮の「秀吉信仰」があったと考えてよいであろう。

曳山祭と「秀吉信仰」　一方、長浜八幡宮へ奉納される長浜曳山祭は、現在四月十五日を本日として行なわれているが、長浜における「秀吉信仰」の象徴として位置付けられる。江戸時代に成立し、数種伝来する曳山祭の『由緒書』によれば、男子が出生したのを喜んだ秀吉が、長浜城下の町人に砂金を振舞い、それをもとに十二基の曳山が建造されたという伝承が記されている。また、江戸時代の曳山祭は九月十五日を本日として行なわれていたが、それまで四月三日に行なわれていた祭礼を、この日に改めたのも秀吉によるという。

豊臣秀吉像　長浜八幡宮蔵

現在のような十二基の曳山が、長浜八幡宮の祭礼の中心となるのは、十八世紀に入ってからと考えられるので、上記の伝承はそのすべてを信じることはできない。しかし、祭日の変更など、秀吉によって長浜八幡宮の祭礼が大きく変化したことは事実であろう。それにもまして、江戸時代の長浜では、この曳山祭の起源を、秀吉の男子出生と結びつけて語ってきたことは重要である。曳山祭は秀吉が始めたものという認識があり、「秀吉祭」として色彩を多少なりとも持っていたと言える。

このことを証明するように、十二基の曳山の一つ萬歳樓《ばんざいろう》を持つ瀬田町組は、豊臣秀吉像を所有する。文化四年〜文政七年（一八〇七〜二四）の間に、長浜の町絵師・山縣岐鳳《やまがたぎほう》によって描かれた秀吉像で、曳山祭の際に長浜八幡宮から迎えた御幣を安置する「御幣宿《やど》」の床の間に、天台の学僧・豪恕《ごうじょ》の筆になる「萬歳樓」の軸と共に飾られる。二幅の軸の前には御幣が安置される。御幣を前にして床の間に飾られる秀吉像は、正しく「神になった秀吉」を表しており、曳山祭が「秀吉祭」である証の一つと言えよう。

四　「秀吉信仰」は城下町から村々へ

長浜豊国社の成立　長浜の豊国社は、慶長四年（一五九九）四月十八日の京都における豊国社の造営の影響を受けて創始された。それは、慶長五年八月十八日のことで、長浜八幡宮のお旅所内に一社を設けて、「豊国大明神」と称したという。勧請の日は、正しく秀吉三回忌の当日であった。この時に建造された豊国社の神像は、狩野永徳画の秀吉像をもとに彫刻したものと伝えている。さらに、長浜の町年寄は、大坂城へ長浜豊国社の創設を報告したところ、当時八歳の豊臣秀頼は神号を揮毫《きごう》し、当社に下賜したと言われる。これが、現在知善院に伝来する「豊国大明神」の神号に相当するのであろうか。

元和元年（一六一五）、徳川家康は大坂の陣で豊臣家を倒すと、京都の豊国社の破却を命じ、さらには「豊国大明神」の神号を剥奪《はくだつ》した。同時に、長浜の豊国社も彦根藩井伊家の意向により廃止に追い込まれたという。しかし、町年寄はその神霊を密かに守護、その筆頭吉川三左衛門宅に祀ったとされる。

長浜豊国社のその後　寛政四年（一七九二）に至り、町年寄の吉川三左衛門らは、お旅所にあった豊国社の旧社殿に、長浜八幡宮の境内から蛭子《えびす》神社を移転することを彦根藩に上申する。これは、秀吉の神像を祀るためのカモフラージュで、許可を得ると三間四方の社殿を造営し、八幡宮から移した蛭子神を前立として、吉川邸に祀っていた神像を奥殿に奉祭した。寛政七年（一七九五）からは、五月九日に秀吉への報恩の祭礼も行なっていた。この祭礼日は、三百石の

釣燈籠　（長浜）豊国神社蔵

年貢免除を伝えた秀吉朱印状の日付に合わせたものであった。しかし、しばらくして端午の節句に祭日を近づけるため、五月四日・五日に繰り上げ、寛政十年五月の祭日からは、紙製の子ども神輿を繰り出すようになったという。

弘化三年（一八四六）八月には、秀吉二百五十回忌にあたり、町人は「石燈籠」一対と「金燈籠」一対を神前に奉納した。「石燈籠」は、竿《さお》の裏面「弘化三丙午正月大吉辰日」と刻まれており、一基のみ長浜豊国神社の正面鳥居左側に現存する。「金燈籠」（写真の釣燈籠）は、一対で長浜豊国神社に現存し、火袋部分の透かしに「弘化三午八月　御神忌二百五十回　奉納長浜中」と文字が記されている。この「石燈籠」と「金燈籠」は、江戸時代に現在の豊国神社の前身となる社殿が、実際に存在したことを証明する物証と言え、きわめて貴重な作品である。

明治維新に至り、蛭子神社と一体となった秀吉社殿を、豊《みのり》神社と呼ぶようになる。豊国神社の略称であろう。明治九年（一八七六）には村社となり、明治十五年（一八八二）五月十七日より三日間にわたって、社格確定の祝祭を行なっている。明治二十五年（一八九二）より、社地を現在地西にあたる北陸本線の線路際に移し、明治三十一年（一八九八）十月十七・十八・十九日の三日間に及び、秀吉没後三百年の祭礼を行なっている。この時、社殿を造営すると共に、拝殿を修理し、能楽堂・倉庫などを新築している。当時の社殿は、線路を背に東向きであった。また、銅製鳥居や石燈籠三十基も新造、さらには神輿も新調した。大正元年（一九一二）に至り、豊公園へ通じる道路が境内中央を貫通することになり、社地を少し東へずらし、社殿を南向きとした。これが、現在地である。大正九年（一九二〇）、社号を豊国神社と改名し現在に至っている。なお、大正十一年（一九二二）には県社へ昇格している。

町年寄の「秀吉信仰」 以上のように、長浜の江戸時代以来の「秀吉信仰」は、知善院と長浜八幡宮、それに豊国神社の前身に当る豊国社で営まれ、曳山祭も「秀吉祭」の色彩を色濃く持ち合わせていたことが確認できた。第七章でもふれたが、文久二年（一八六二）正月や同三年正月の『要用書』（吉川三左衛門家文書）の記事によると、長浜を治めた年寄たちの正月会合には、床に豊臣秀吉像を祀り、秀吉からの朱印状が入った朱印箱に鏡餅を備え、秀吉の恩に報いたことが記されている。また、長浜城の天守台に鎮座する「古城跡稲荷社」（現在の国守《くにもり》神社）は、江戸時代、三年寄によって守護されてきた。この神社は秀吉を祀るという明確な証拠はないが、

豊臣秀吉像（長浜町四居家伝来）
長浜市長浜城歴史博物館蔵

その立地から「秀吉信仰」とは浅からぬ関係が想定できる。

これらの点をみても、江戸時代における長浜町での「秀吉信仰」は、町年寄をまきこんでいた。さらに、秀吉への報恩の思いは町民全体に及び、「秀吉公」・「秀吉さん」と呼ぶ現在に至るまでも、その信仰は長浜市民に根強く息づいている。長浜における古今を通じた「秀吉信仰」の背景には、起源を見定めることによる自己認識がある。秀吉を祀ることで、他の都市とは違う長浜を認識することが出来るのである。江戸時代には、それが彦根支配に対する「長浜の自治」の象徴として機能していたと推定できる。すなわち、秀吉は長浜の「都市としてのアイデンティティ」そのものと考えてよいであろう。

湖北の村々にも広がる「秀吉信仰」

他方、長浜町周辺部の湖北の村々にも「秀吉信仰」は広がっていた。長浜市高月町森本にある森本神社の摂社・豊国神社は、像高十五センチの秀吉木像を安置する。長浜城主時代の秀吉が、森本の幸若舞《こうわかまい》の大夫（舞人）に対して、人夫役を免じたことへの感謝を表すため、この神社が建立されたもので、江戸時代を通して信仰されてきた。現在も、森本自治会には人夫役を免じたこと証する、年欠三月二十七日付けの秀吉判物《はんもつ》が伝来する。

また、長浜市神照寺町の神照寺は真言宗智山派の寺院で、寛平七年（八九五）の開基と言われるが、生前の秀吉との関係も深い。天正六年（一五七八）十二月十七日、羽柴秀吉は百石を当寺に寄進し（神照寺文書、181）、同十九年（一五九一）には、百五十石の寺領を安堵している（神照寺文書）。これが江戸時代の朱印地となり、同寺の寺領として確定した。また、天正十年（一五八二）十二月には、賤ヶ岳合戦を前にして、秀吉は当寺に対して禁制（神照寺文書、558）を発している。

この寺にも、書表具《かきひょうぐ》による豊臣秀吉像が収蔵されている。寺伝によれば、文政四年（一八二一）に、当寺の本寺である智積院の管長の手によって描かれたものとされる。さらに、本堂には「大閤豊臣秀吉公　神儀」と刻まれた豊臣秀吉の位牌も祀られている。これらから、神照寺でも秀吉の年忌法要が定期的に行なわれていたと考えられよう。

さらに類推を加えれば、湖北地域には秀吉から領地安堵を受けている寺社が複数存在するが、そこでも長浜八幡宮や神照寺同様に、秀吉の法要が行なわれていた可能性があるだろう。事実、浅井三代の菩提寺として知られる徳勝寺（長浜市平方町所在）にも、秀吉の位牌が現存する。湖北における「秀吉信仰」は、より広がる可能性を秘めている。

第十二章　秀吉以後の長浜の発展

一　秀吉以後の長浜城

賤ヶ岳合戦と長浜　天正十年（一五八二）六月二日、「本能寺の変」が起こり、織田信長が自刃した。さらに、織田家の後継者を決定した清洲会議が六月二十七日に行なわれた。その結果、湖北・長浜の地は、柴田勝家の領地となり、城には勝家の甥である柴田勝豊が一時入った。しかし、信長の後継をめぐる羽柴秀吉と柴田勝家の争いは、すぐさま表面化し、同じ年の十二月、秀吉は柴田勝豊を攻め、長浜城を無血開城させることに成功している。再び長浜城は秀吉のものとなり、賤ヶ岳合戦に向けて秀吉の本陣として利用された。

賤ヶ岳合戦に際して、元文三年（一七三八）の『長浜記』には次のようにある。百騎をつれて春照に到着した秀吉は、兵を二分し五十騎を長浜に差し向け、兵粮《ひょうろう》や馬の餌などを木之本に届けるよう町民に命じた。町民は、年来の秀吉への恩返しはこの時とばかり、十五歳から六十歳の男はみな木之本へ向かった。木之本では、食糧や馬飼の世話をしたほか、城作りの土木作業にも従事した。賤ヶ岳合戦での秀吉勝利の結果、長浜町人には協力の褒美として、長浜屋敷年貢三百石の黒印状が与えられた。これら長浜町民とこの合戦の関わりについては、すでに第七章で触れてきたところである。

天正十一年五月五日に、越前北荘から長浜城に凱旋《がいせん》した秀吉は五月七日には朝廷からの祝賀を受け、数日後に長浜を離れる。彼は、その後大坂を本拠とするので、長浜にはしばらくの間城主が不在となり、湖北・長浜の地は同年八月一日から佐和山城主の堀秀政の管轄下に入った。

小牧・長久手合戦と湖北

小牧・長久手合戦は秀吉と徳川家康の合戦で、天正十二年(一五八四)三月から、年内いっぱい両軍が尾張で対陣する長期戦となった。秀吉は徳川家康に局地戦では破れたものの、政治的には勝利したといわれる。この合戦にも、長浜の町衆は大いに関係していた。

まず四月二日付けで、秀吉は長浜町人に宛て、坂本から送られた鍬二百挺を尾張まで届けるように命じている(下郷共済会蔵文書、1007)。その他、兵粮米二百石を長浜町と八幡庄に課し、関ヶ原まで届けるように命じたり、鋤・鍬を集めて犬山まで届けるように指示している文書も残っている(下郷共済会蔵文書、1081・1175)。また、長浜の鍛冶に対して、八月二十五日

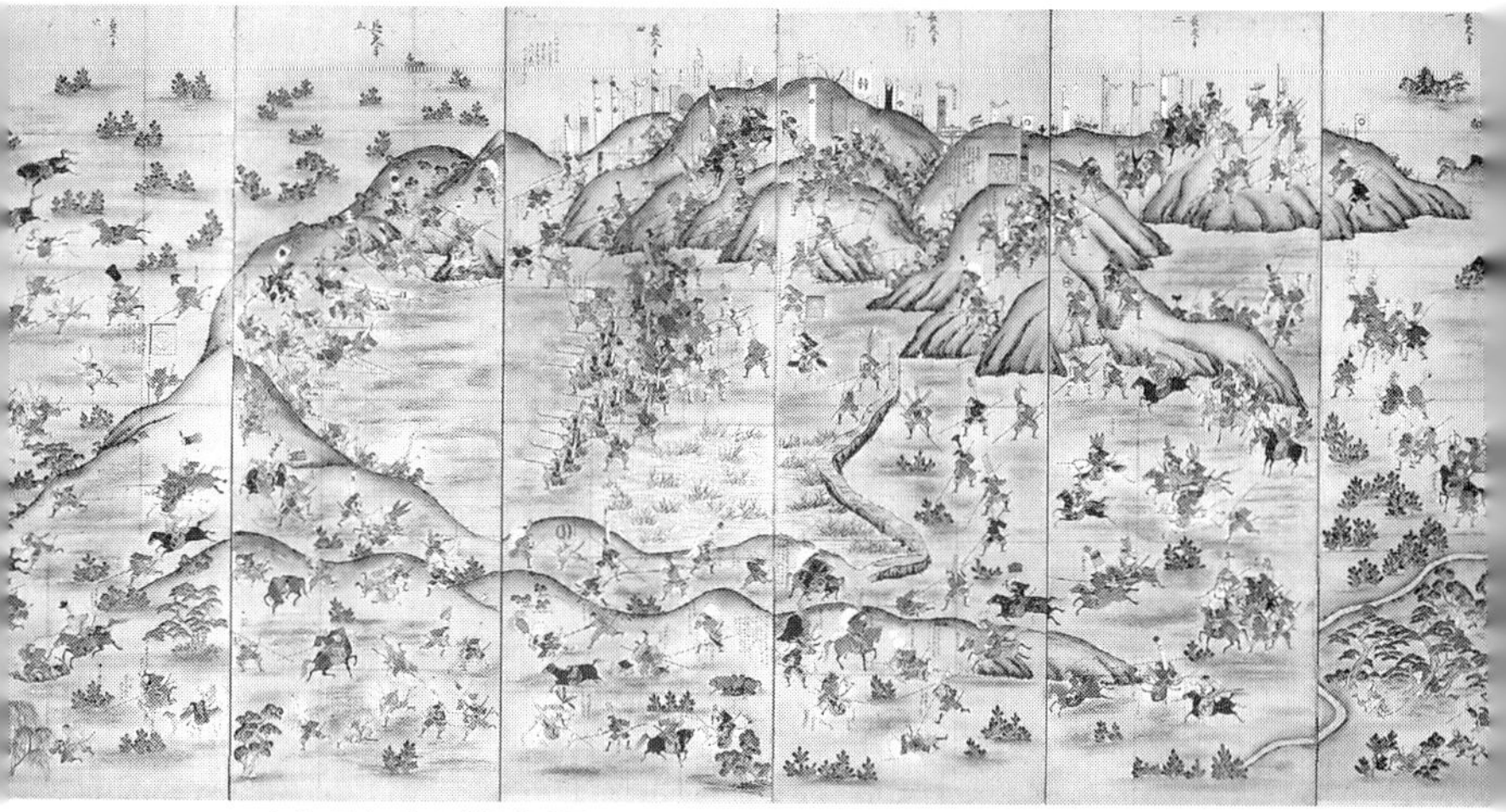

小牧長久手合戦図屏風　長浜市長浜城歴史博物館蔵

に鍬の製作を命じている（吉田家文書、１１８５）。秀吉は物資の供給基地として長浜を重視し、城造りなどの土木工事に使う鋤・鍬を調達させていたことが読み取れる。

一方、長浜町人は鮒鮨《ふなずし》を秀吉に送っており、四月十四日付けの朱印の礼状（長浜市長浜城歴史博物館蔵文書、１０４８）が残っている。先の物資の調達命令のことを考えれば、長浜町人の秀吉へのこの配慮は、負担軽減を目論んでの贈物と言えなくはない。賤ヶ岳合戦に続いて、度重なる秀吉からの後方支援への命令は、長浜町民を大いに悩ましたことであろう。なお、小牧長久手合戦の秀吉軍の陣立書である備図《そなえず》（慶応義塾図書館蔵文書など、１２８６）や『北藤録』では、「長浜衆」千三百が参陣したことになっている。これはこの時期、城主がいなかった長浜城の在番武士を指し、長浜の町人が出陣したことを示すものではない。

天正十三年（一五八五）閏八月、羽柴秀次家臣として山内一豊が、二万石の城主として長浜に入る。一豊が入城して間もない十一月二十九日、長浜の地を大地震が襲った。ドイツの博物学者であるケンペルの著『日本歴史』の中に、宣教師プロースの報告を引用して、この地震について記述があるが、長浜は三千の戸数がある小都市で、人家の半分が陥没、残りの半分も火事で焼けてしまったと記している（フロイス著『日本史』では、千戸とある）。もちろん伝聞を重ねた記事なので正確さには不安が残るが、三千戸という数字には多少驚かされる。江戸時代の長浜の戸数でさえ、千二百戸前後であるからだ。この記事から秀吉の経済政策が功を奏し、一豊入城までに長浜は地方都市として確実に成長していたことを読み取ることができよう。

天下人秀吉と長浜　山内一豊は、天正十八年（一五九〇）九月に、ほかの秀次家臣と共に東海地方へ移り、掛川城主五万石として転出した。その後、翌年から長浜及び湖北の地は、関ヶ原合戦まで、佐和山城主の石田三成の支配下に入る。

翌十九年五月、秀吉は湖北の検地の結果を踏まえて、それまで出されていた寺社などへの安堵状の整理を行ない、新たに朱印の安堵状を与えた。長浜町にも、天正十九年五月九日付けで、長浜町屋敷年貢米三百石を免除した朱印状（下郷共済会蔵文書）が出され、開町以来の特権である年貢免除は、江戸時代を通して守られていった。この他、長浜市内では四月二十三日付けで、長浜八幡宮・知善院・舎那院・神照寺・惣持寺・竹生島に朱印状が出され、それぞれ江戸時代の寺領である朱印地として継承された。

秀吉は、天正十八年七月に小田原北条氏を降伏させ、翌十九年奥州での一揆を粉砕、日本の統一を果たした。これを受けて大陸征服の野心を抱き、朝鮮出兵を計画したのである。文禄元年（一五九二）七月には、「唐入り」の遠征軍が出発、秀吉も肥前名護屋城へおもむき指揮を取った。文禄の役の始まりである。この出兵に当たり、近江からは百二十九人の水夫が徴発されたという記録もあるが（芦浦観音寺文書）、長浜には船持百十軒に対して、十六人の水夫を出すよう船奉行の観音寺賢舜《けんしゅん》より命じられている（吉川三左衛門家文書）。

長浜町民は、年寄三人が出陣前の秀吉を訪ね、贈物を進上し挨拶を行なっている。さらに、六月には名護屋城へ二人の使者を送り銭五百疋《ぴき》（五貫文）を届け、翌年四月には小牧長久手の陣に続き鮒鮨を送っている（下郷共済会所蔵文書・沓水文書）。秀吉は、この長浜町衆の忠誠に応える形で、名護屋からの凱旋に際し、京都と大坂に長浜町民のための土地を与えたという。

このように、文禄の役においても、秀吉は長浜に応分の負担を求めたのに対し、長浜町民も贈物や挨拶を怠らないことで、できるだけの負担の軽減を目論んでいたといえる。

内藤家入城から長浜城廃城へ

慶長三年(一五九八)八月に秀吉が没し、同五年(一六〇〇)には石田三成が関ヶ原合戦で敗死した後、長浜の地が誰によって支配されたかは史料がなく、よく分からない。『近江長浜町誌』は、米津清右衛門や豊島作右衛門が長浜代官であったとするが、前者は近江国全体を統括する国奉行であり、後者は徳川家の湖北直轄領代官で、長浜代官の任にあったかは疑問である。

慶長十一年四月(一六〇六)に長浜の地に、徳川家の譜代大名である内藤信成が四万石余で入城する。内藤信成はこの直前、徳川家康の旧城で、幕府にとっては特別な意味を持った駿府《すんぷ》城の城主であったことから知られるように、家康には信頼が厚かった人物である。彼を、長浜に配した理由は、『当代記』や長浜知善院の日記が言うように、やがて対決すると予想していた、大坂の豊臣秀頼方の動向を監視させるためであった。また、この信成の入城により長浜城の縄張は大きく変容した。すなわち、幕府は近江・美濃・飛騨の三国から人夫を徴発して、天下普請をもって長浜城の改築に臨んだ(『寛政重修諸家譜』)。現在わずかに残る長浜城の遺構は、秀吉の時代そのものではなく、この内藤氏によって改められた時の姿である。

内藤信成は、慶長十三年（一六〇八）三月五日に長浜八幡宮に対して禁制を出している他（吉川三左衛門家文書）、信成の子・信正と弟信広は、同じく長浜八幡宮に米十俵・神馬一疋・太刀一腰などを「上葺《うわぶき》奉《ほう》加《が》」として寄進している（長浜八幡宮文書）。また、内藤信成は長浜沖合の湖上で堅田の漁民が網をはることを禁じたが、これは堅田から幕府に訴えられ敗訴している（神田神社文書）。ここから、内藤氏が長浜の漁師の権利を守ろうとしていた事実が読み取れる。この他、坂田郡十里村（長浜市十里町）の地侍で幕府代官と推定される石崎家と内藤氏の親交が深かったことについては、同家に残った数通の文書から知られる。

内藤信成像
長浜市長浜城歴史博物館蔵

内藤信成は、慶長十七年（一六一二）に没し、長浜知善院に葬られたという。長浜藩は子の信正が襲封したが、大坂陣後の元和元年（一六一五）閏六月十八日に摂津高槻《たかつき》城へ転封となった。以後、長浜城は廃城となり、秀吉の築城以来約四十年の歴史を閉じるのである。

二　彦根藩領長浜町へ

在郷町・長浜の成立　内藤氏の転出を受けて、大坂の陣に戦功を上げた彦根藩主井伊直孝に、長浜領が与えられた。以後、長浜町は城下町としてではなく、彦根藩内の在郷町《ざごうちょう》（城のない町）として発展していくことになる。彦根藩領となっても、秀吉から長浜町に与えられた三百石の朱印地は維持され、それは幕末まで続いた。慶長七年（一六〇二）に近江国全体で行なわれた検地によって、三百石の朱印地内には、秀吉による範囲設定以後、侍屋敷や堀になった所があり、四十三石余の不足分が出ていることが判明した。そこで、井伊直孝は藩の重臣らに対して、別に不足分を測量して長浜町に与えること。朱印地と年貢地の境は、溝を深く掘り並木を植えるなど境界線を明確にすることなど細かい指示を与えている（下郷共済会蔵文書）。

不足分は、慶安四年（一六五一）の検地により、中鞴《なかたたら》町で四十三石余が測量され朱印地に足された。これに先立って同二年、直孝は長浜の浄土真宗寺院である大通寺にも、方八十間《けん》の土地を寄進している。これら一連の井伊家による長浜保護策は、秀吉の城下町としての意識が強い長浜を、スムーズに彦根藩領化するための政策的な配慮と考えられる。

第七章で述べたとおり、慶安四年の朱印地確定と同時に、この三百石朱印地の境界には二十八本の領杭《りょうぐい》が打たれ境を表示した。現在、この内四本がそのまま現存する。秀吉時代の長浜町は四十九町であったといわれるが、江戸時代には大手片原町が北・中・南に分かれ、新たに朱印地となった中鞴町が加わったので五十二町となった。

しかし、この内朱印地であったのは三十六町のみで、その他の町は地番上、長浜町を囲む瀬田村（東部から南部）・宮村（東部）・三津屋村（北部）に所属し、年貢上納地となっていたことは、第七章に述べたとおりである。長浜五十二町は町年寄三人を中心に、町内自治を行なっていくが、朱印地か年貢地かはまったくの地籍上の問題で、行政単位としての長浜町では、朱印地か年貢地かの区別はほとんどなかった。ただ、町入用費の納入について、年貢地は朱印地よりも軽減されていたようで（吉川三左衛門家文書）、税負担の面でも両者の均一化がなされていた。この他、廃城となった長浜城の跡地には、古殿町や長浜新田などの行政単位が設定され、多くの町民が田畑を所有していた。

長浜町の人口　江戸時代の長浜町の人口は、おおよそ千二百戸前後、人口は四千七百人前後であり、時代を通してやや増加の傾向にあった。また、男性が女性をわずかに上回るのが常であった。これは、奉公人などが多い、一般的な都市人口の特徴である。五十二の町別人口は、元禄年間（一六八八～一七〇四）において、六戸の北裏町から四十一戸の宮町・郡上町まで大小さまざまである。

また、大きな町は一般的に長浜町の周辺部に多く位置していた。元禄年間から文化年間への人口の推移をみると、長浜の中心部にあたる大手町や魚屋町は人口が減少しているのに対し、南部の紺屋町や箕浦町、下船町などは人口が増加しており、町の繁栄が幕末にかけて南部に移行した感がある。また、使用人の数も大手町や伊部町などの中心的な産業地域や船町などの港湾地域に多く、雇いの労働力を多く抱えていたことが分かる。

町年寄と町役人　秀吉は、長浜町を十組に割り、各組より一名ずつ頭《かしら》となる人物を選任したという。その名前は、本町―宮部五郎右衛門・西村甚三郎・下村藤七・田辺九太夫、大手町―樋口与兵衛・大依《おおより》介右衛門・川崎源兵衛、呉服町―安藤九郎右衛門、船町―吉川五助、魚屋町―今村藤右衛門で、彼らは十人衆と呼ばれ、この内から町政の中心となる三年寄が選任された。

この内、樋口・西村・大依・宮部の各家は、早い段階で絶家となり、他の十人衆中にも分家が出たので、十人衆の補欠の意味で「次衆」が定められた。その名は、本町―下村七兵衛、大手町―高田忠左衛門・大谷又兵衛、呉服町―安藤勘四郎・河(川)崎源四郎、船町―下村仁左衛門・下郷九左衛門・田辺六右衛門であった。この「次衆」の内からも、江戸前期には、大谷又兵衛や高田忠左衛門のように年寄となる者もあったが、江戸中期以降は安藤・下村・川崎・吉川の四家から三人が選任されるのが恒例となった。

彦根藩は、その領国内を支配するのに、農村部は筋奉行に担当させ、彦根と長浜には町奉行を置いて統治を行なった。三年寄は、この町奉行が任命する形をとり、家にかかる諸役を免じられる特権を持ち、町内から「町年寄坪打」として役料を徴収することを許されていた。また、町内で家屋敷の売買が行なわれた際は、その代価の二十分の一を徴収して役料にあて、屋敷売券の裏に印を押した。

三年寄の職務は多様で、町奉行からの触を長浜の各町に伝達したり、各町や個人からの願書を町奉行に届ける役目はもちろん、町内の人身の把握、家屋の管理、紛争・事件の処理など、町奉行に代わって長浜町の行政権・裁判権・警察権を事実上握っていた。町年寄の文書を調べると、町奉行には報告のみ行なっている例が多い(吉川三左衛門家文書)。彦根町の町年寄が、入札によって一年で交代したのに対し、長浜の町年寄は事実上、秀吉開町以来の旧家の世襲で、終身つとめるのが原則であったと言われている。幕末には、月ごとの当番制を採用し事務にあたった。

さらに、長浜五十二町には、町年寄の下にそれぞれ町代《ちょうだい》と横目《よこめ》の町役人が置かれていた。町代・横目の両役は、一般の村落の庄屋とその補佐役の横目に当たり、町の代表として願書や請書《うけがき》を作成し町年寄に提出したり、町内の住人の戸籍である宗門関係書類の管理をした。町年寄によって選出され、町奉行が任免を行なったとされている。長浜曳山祭では、数町からなる山組町の内、当番町の町代と横目が、その年の山組代表者となった。現在の二人の山組負担人は、この制度を継承したものと思われる。

長浜湊と湖上交通　秀吉の時代、長浜の船奉行であった吉川三左衛門を中心に、船持が統制され、船持二十人分の租税が免除されていたのに対して、秀吉の朝鮮出兵などに、長浜町の船持が徴発されていたことについては、第十一章に触れたとおりである。長浜城自体も港湾施設を内包していたが、長浜の町はその成立当初から、港町としての性格を多分に持っていた。江戸時代においても、これには変わりなく吉川家がある上船町、それに下船町・小舟町・船片原町が琵琶湖から流入する水路に近く、船町を形成していた。

江戸時代の琵琶湖の湊は、俗に「四十八浦」と言われるほど、多く存在していた。この内、享保年間（一七一六〜三六）の記録により、船数が多い湊を上げると、塩津八十四隻、海津五十八隻、今津六十一隻、それに大津八十二隻となる。これにより、琵琶湖の湖上交通の幹線は、北国荷を京・大阪へ運搬するルートであったことが分かる。この他、長浜は六十七隻、米原は二十七隻、松原は三十二隻と彦根藩三湊も比較的大規模であった。一般的に琵琶湖の船は大津の幕府船奉行の管轄下にあったが、これら彦根藩領の船は同藩の船奉行の管轄下にあり、別系統の支配を受けていた。琵琶湖では従来、秀吉が軍用船団として大津に創設した百艘船が大きな権限を有していたが、彦根三湊は訴訟を繰り返し、その特権を剥奪《はくだつ》していった。

長浜船町の状況　長浜は、この彦根三湊の一つとして、彦根城下町の外港である松原や中山道につながる港である米原と共に栄えた。長浜の役割は、湖北に散在する彦根藩領からの年貢を、大津などに回送する中継基地としてであり、この点から長浜の町と、湖北の各村の深いつながりを強調しておく必要がある。江戸時代の長浜の船は、先に述べたように彦根藩船奉行の管轄下にあり、吉川三左衛門ほか有力町人が船年寄となり統制の任についた。

船町山蔵前の常夜燈

船数は、寛政元年（一七八九）に大丸子六十隻、小丸子八隻、艜船《ひらたぶね》四十二隻が登録されている。丸子船は江戸時代の琵琶湖の船を代表するもので、船底が丸く舳《へ》先《さき》に縦方向の別材を用いるなど、外洋船とは異なる琵琶湖独自の形も持っていた。大丸子とは六十五石以上をいい、それ以下は小丸子である。長浜の場合、江戸中期以降は、大丸子六十隻前後で一定している。艜船は、船底が平らな川船形の小船で、琵琶湖では漁業や田仕事に使われた。元禄八年（一六九五）の『大洞弁財天祠堂金寄進帳』によれば、船持の戸数は船片原町・小舟町を中心に六十三戸であり、天和《てんな》三年（一六八三）の記録では、船問屋が十三軒あった。

琵琶湖の交通というと、貨物中心に語られるが、もちろん旅客も多く運んでいた。天保十二年（一八四一）五月に就航した「早船」は、数人の水夫を使って大津—長浜間を十二時間で結んだ。この船は丸子船ではあるが、貨物は載せない旅客専用の船であった。享保十六年（一七三一）の記録では、長浜―大津間を千二百五人の人が船で行き来し、運賃は一人百文であったという。

宿場としての長浜　長浜は、町のやや西寄りに、北国海道が南北に貫通しており、北国街道と大手通りの交差点（札の辻）からは、春照宿《すいじょう》（米原市春照）に向かって谷汲道《たにぐみ》（朽木街道・長浜街道）が伸びていた。この谷汲道についてはすでに、寛永十四年（一六三七）の「小堀遠州馬賃定」に登場するので、長浜は江戸初期からある程度の宿駅機能はあったようである。寛文五年（一六六五）、町奉行大久保新右衛門によって、長浜に宿役人馬が常置されることになった。これにより、馬購入のため町中を十四の馬組に分け、一組で一疋を購入した。翌年、長浜の伝馬は十四疋人足十四人と定められ、宿に待機し木之本と米原間の輸送にたずさわった。

本陣は、吉川三左衛門家で、大名や幕府役人の宿泊所となり、問屋《といや》も兼帯した。安永二年（一七七三）には、旅籠屋《はたご》が上船町に五軒、瀬田町・大安寺・下船町にそれぞれ一軒ずつ存在した。助郷《すけごう》は平方村・南高田村など十七ヶ村であったとする。

本陣吉川三左衛門は、町年寄であり、かつ船年寄でもあった。さらに、街道の荷物を扱う問屋も兼帯するという状況であった。長浜町の諸機能を一身に帯びた形であったが、これは逆に長浜の宿駅機能の未熟さを示すものである。たとえば、参勤交代の大名行列にしても、加賀藩以外は通過した形跡はなく、その加賀藩でさえ江戸時代を通して四回しか長浜を通っていない。慶応二年（一八六六）、加賀藩昼休の際、吉川家が本陣にあてられたが、あまりの忙しさに当日、三左衛門は卒倒したと言われている。通常大名行列が通過し、その対応に慣れていれば大過なかったはずである。このように、宿場町としての長浜については、過大評価するのは危険である。長浜の交通上の評価は、船運と直結した湖北の物資集散基地として、位置付けされるべきであろう。この点は、以後の産業についての考察で、さらに明らかとなる。

三　長浜を支えた産業

長浜町の商人・職人構成　西川幸治氏は、元禄八年（一六九五）の『大洞弁才天祠堂金寄進帳』の記載と明治四年の長浜町戸籍簿を比較し、長浜町の商人・職人構成の特徴について触れている。それによると、元禄期に比較して明治初期には、多くの職種に著しい増加がみられる。特に、繊維関係の商業に従事する者は、元禄期の二十一人に対して、明治には百一人と大きく増加している。さらに、糸繰・縮緬《ちりめん》・機械など繊維関係の工業に従事する者も、元禄期にはわずか二人なのに、明治初年には百七十二人と著しく増加している。これらから、長浜における繊維業の発展を読み取ることができる。

また、元禄期から明治初期にかけて、借家住居者や同居住居者が増えているが、これは織維関係の職人として、多くの人が町内に流入したものと考えられる。これも、家内工業による織維業の隆盛を物語るものと、西川氏は指摘されている。このように、江戸時代の長浜の発展は、縮緬を中心とする織維業に支えられたものであった。そして、これは町衆が行なう曳山祭の経済的な背景とも言える。以下、長浜の織維業の歴史をふり返ることで、長浜の発展を跡づけてみよう。

浜糸の京都進出　長浜の産業として比較的初期から、その名が現れるのが、長浜近郷から京都へ出荷した生糸「浜糸」である。中世までの養蚕業が畿内・中国地方を中心であったのに対し、江戸中期以降は東北・関東・中部山間地帯に、その中心が移ったと言われているが、近江は美濃・但馬と共に、その主要生産国としての地位を幕末まで保った。さらに、近江の中では、商品作物としての綿花や茶生産が南部で圧倒的なのに対して、北部は養蚕業が圧倒的優位を占めている。これを背景に、京都市場への「登《のぼ》せ糸」として「浜糸」が江戸初期から流通するのである。

京都の三井家の記録によると、寛永四・五年（一六二七・二八）頃、長浜屋孫助なるものが、京都高倉通三条下ルに店を開き、寛文年中（一六六一～七三）にその子の大黒家長兵衛が、新町通り三条下ルに糸問屋を開店したというから、やはり「浜糸」の京都への進出は江戸時代の初めからのことである。そして、京都の和糸問屋の正徳五年（一七一五）の記録では、その取引の総額の四十六パーセントを「江州浜糸」が占めるところまで成長していた。ところが、元禄九年（一六九七）十一月に長浜の生糸商人と京都の十一軒の浜糸問屋の間で、売買や返品方法について争いになり、翌年から越後屋喜右衛門を名義として、三井家が独占的に浜糸の京都での販売を行なうようになった。

この一連の争いの文書をみていると、京都問屋から長浜側の商人への宛名は、「長浜町御客」・「南之郡御客」・「北之郡御客」と分けて記している。また、長浜の商人側からの文書も、差出人には同様の分類がなされている。浜糸の販売が、湖北の農村での養蚕・製糸業に支えられていたのはもちろんであるが、商人も農村部である坂田郡や浅井郡内に点在していたことを、この史料は物語っている。「浜糸」の「浜」は、明らかに長浜の意であるが、それは商品の集散基地の名を冠したものである点、注意を要しよう。

浜糸の出荷は、江戸時代を通して隆盛で、幕末には金屋新町の松本藤十郎や下船町の中村弥十郎など新興の商人も加わり、外国への輸出も行なわれた。

浜縮緬の創業　浜縮緬は現代に至るまで、長浜の地場産業の中心で、江戸中期以来長浜の経済的発展を支えてきたといえる。その創業は、宝暦二年（一七五二）と言われる。すなわち、この年浅井郡難波《なんば》村（長浜市難波町）の住人たちが、彦根藩に対して縮緬生産の許可を願い出たのである。その願書（乾文書）によると、従来生糸を生産し生計を立ててきたが、最近糸値の暴落により困っていた。たまたま丹後から来ていた生糸商人から縮緬織りを習い、生産にこぎ着けたというのである。そこには、彦根藩領外の村では、すでに縮緬織りをする者がいたとも記述されている。

長浜八幡宮境内にある浜縮緬創生記念碑

一般的に浜縮緬の生産は、後に「織元」として君臨する難波村の中村林助・乾庄九郎が創始者と言われる。しかし、縮緬織りは難波村のみから始まった訳ではなく、湖北の各村では非公式にこの頃始められており、それが初めて彦根藩への願書という形で表面化したのが、難波村の例と見るべきであろう。つまり縮緬技術の丹後から湖北への移入は、複数のルートを想定すべきなのである。難波村の二人が特に強調されるのは、その販路拡大と生産体制の組織づくりに大いに貢献があったからである。

浜縮緬の展開　縮緬の生産は、農閑期の女子の副業として、瞬《また》く間に湖北の村々に広まった。さらに、宝暦三年（一七五三）には、京都の絹問屋七軒を通して、京都への進出をはかったのである。しかし、かねてから桐生《きりゅう》や丹後の織物進出に悩まされていた西陣織屋から請願が起こり、すぐさま浜縮緬の京都での販売は中止に追い込まれた。ここで登場するのが、林助と庄九郎である。二人は彦根藩にはたらきかけ、縮緬を年貢の代わりとして一度彦根藩に納め、年貢縮緬として売り出すことで、再び浜縮緬を京都で販売することに成功したのである。以後、浜縮緬は彦根藩の専売制度（独占的な販売制度）に守られ、長浜の基幹産業として発展を遂げていく。林助・庄九郎の二人は、専売制度の中で、彦根藩へ上納される縮緬を検査し検印を押す「織元」（織屋の元締め）の役を担った。

時がたつにつれ、決められた流通経路を逸脱した密売が行なわれるようになり、その取り締まりと流通経路の立て直しに、彦根藩は頭を悩ませた。十九世紀に入ると、長浜町・他領（彦根藩領外）・自領（彦根藩領内）ごとに組織された株仲間（一種の組合）を流通に組み入れたが、織屋は増加する一方で密売はおさまらず紛争は絶えなかった。文化十二年（一八一五）の段階で、長浜町には三十六軒、彦根藩領外には五十七軒、彦根藩領内には三十八軒の織屋が存在したことが分かっている。長浜町の外である浅井郡難波村の林助・庄九郎によって統括され、長浜町外にも多く織屋が分布しながら、浜縮緬（長浜の縮緬）と呼ばれる理由は、浜糸の場合と同じく、長浜町が製品の集散地としての役割を担っていたからである。

明治維新により、浜縮緬は彦根藩の後ろ盾を失い、さらに株仲間の解散を命じられ、流通機構を一挙に失ったことで、混乱の時代をむかえる。この間、アメリカへの輸出の試みが行なわれたようだが、明治十九年（一八八六）には近江縮緬絹織物組合が長浜に設立され、一応の統制がなされた。その後、数次にわたる好不況の波にもまれつつ、昭和二十五年（一九五〇）の浜縮緬工業協同組合の設立をみ、現在まで生産を続けている。明治四十年（一九〇七）の資料によると、浜縮緬製造業者百五十九軒の内、長浜町内にあるのはわずか十軒（六パーセント）にすぎず、坂田郡の村々には実に百二十九軒（八十一パーセント）が散在し、江戸時代よりさらに町外での縮緬生産が進んでいた状況が分かる。

浜蚊帳　近江八幡では、江戸の初め以来、蚊帳《かや》が生産されてきたが、長浜での蚊帳の生産は、この八幡の隆盛に着目し、その技術を移入したものである。浜蚊帳の生産開始については異説もあるが、一般的には寛文年間（一六六一～七三）に坂田郡中村（新庄中村のことか）の桝屋《ますや》治平が、八幡へ行き蚊帳の製法を習得、村の婦女子に賃織させ、その製品を長浜十軒町の木綿屋市郎兵衛の手を経て三都の商人へ送り、売り出したのが始まりとされる。

浜蚊帳は、やがて農村の副業として坂田郡や浅井郡の村々に広がり、その戸数は数百に達したという。江戸中期の明和・安永頃からはさらに隆盛となり、寛政年間（一七八九～一八〇一）には、神戸《ごうど》町の保多屋吉兵衛、伊部町の俵屋甚兵衛、三津屋町の坂本久次郎が新たに問屋として加わり、木綿屋市郎兵衛とあわせて四軒となった。ところが、文政十三年（一八三〇）に至り、原料である越前麻綛《あさかせ》に関して、越前福井藩の統制が強化され、代金の支払者窓口を一ヶ所に統一する必要が生じた。そこで、浜蚊帳問屋たちは彦根藩と協議し、浜蚊帳を彦根藩の国産とし、会所《かいしょ》を設立し事務の一本化を図った。この会所は、御産物御用蚊帳会所と命名され、四人の問屋はそれぞれ支配役に就任、会所の事務をとることになった。

会所の成立によって浜蚊帳の生産及び流通は、彦根藩の保護下に入り、四人の問屋によって厳重に統制されたことになる。原料を入手した問屋や仲買は、出来上がった製品を必ず会所に提出して印を受け、印料を支払う必要があった。織られた蚊帳を染屋に出すのも、会所を構成する四軒の問屋に限られた。幕末には、麻原料地の越前で、蚊帳の現地生産の動きがあり、さらに明治維新後は浜縮緬と同様、彦根藩の後ろ盾を失い、流通経路の混乱に悩ませられるが、明治十九年(一八八六)には組合を結成、昭和の高度成長期までその生産は続いた。

浜ビロード　長浜のもうひとつの繊維業であるビロードは、いつ湖北の地へ技術がもたらされたかは明白ではない。彦根藩は寛政十一年(一七九九)から積極的に国産の奨励に乗り出し、その機関として国産方を設置した。浜ビロードもこの際、藩の特産品として奨励の対象になったようで、十人衆の安藤九郎右衛門と下村藤右衛門の二人が製品の検査を行なう役についている。浜ビロードの生産は、浜縮緬や浜蚊帳と同じく、長浜町及びその周辺の農村で行なわれていた。農家の副業で、自家の織機を使用した「小手前」といわれる小経営で行なわれていたのも浜蚊帳と同様である。

その販路は、大坂と京都が主であったが、京都もビロードの産地であったので、西陣の織屋は浜ビロードの京都進出を阻害した。明確な史料は残っていないが、これに対し彦根藩は浜縮緬同様、保護を加えたと推定される。文政十一年(一八二八)、長浜周辺の農村に散在する彦根藩領外のビロード業者が、彦根藩の保護のもと西陣からの圧迫から逃れたい旨、彦根藩領内の業者総代に願書を出している。これによっても、長浜はビロードの集散地であって、その生産地は周辺の農村に広がっていたことを知ることができる。

明治維新後は、他の織維業同様に彦根藩の保護がなくなり、また新しく移入されたコールテンやベッチンにおされ、その生産は壊滅的な打撃を受けた。しかし、日露戦争中から復調の兆しが見られ、昭和の中頃まで飛躍的発展を遂げた。高度成長期には、全国の約七十パーセントの生産高を誇っていた時期もある。

以上、浜糸・浜縮緬・浜蚊帳・浜ビロード、いずれも「浜」すなわち「長浜」の名をもって売り出された製品であるが、その生産は長浜町にとどまるものではなく、湖北—特に坂田郡・浅井郡の村々で行なわれていたものであった。長浜は、それぞれの商品の集散地としての役割を担った、地域の中核都市と言える。こういった長浜町と周辺村落の経済的なつながりは、文化面や芸術面に見られると推定され、長浜曳山祭もそのひとつである。

四　新興の商人たち

幕末の長浜商人　秀吉の時代から江戸初期にかけて経済力を持ち、長浜町の中心となったのが十人衆であるが、江戸も中後期になると、新しい商人が現れ、長浜の町を導いていった。彦根藩は江戸初期以来、臨時の支出が必要な時には、長浜へ御用金を課している。万延元年（一八六〇）に、「桜田門外の変」が起きたが、この際彦根藩は、長浜の苗字御免の者五人を呼び、千両におよぶ調達金の上納を命じた。その五人とは、御堂前町―西島太左衛門（米屋太左衛門）、神戸町―大塚吉兵衛（保多屋吉兵衛）、金屋新町―松本藤十郎（伊勢屋藤兵衛）、南伊部町―四居治兵衛（油屋治兵衛）、下呉服町―西島庄五郎（敦賀屋庄五郎）である。

この四年前の安政三年（一八五六）にも、彦根藩の御用金賦課があったが、相撲の番付に見立てて、その時の上納額を記した興味深い史料（次ページ写真）が残っている。ここでは、三年寄の下村藤七良・河崎原（源）太夫・吉川三左衛門は「行事」として別格に扱われており、「頭取」として最高額四百五十両を出した米屋太左衛門、「勧進元」として二番目の高額三百五十両を出した保多屋吉兵衛、「大関」として三百両の伊勢屋藤兵衛・敦賀屋庄五郎、そして「前頭」

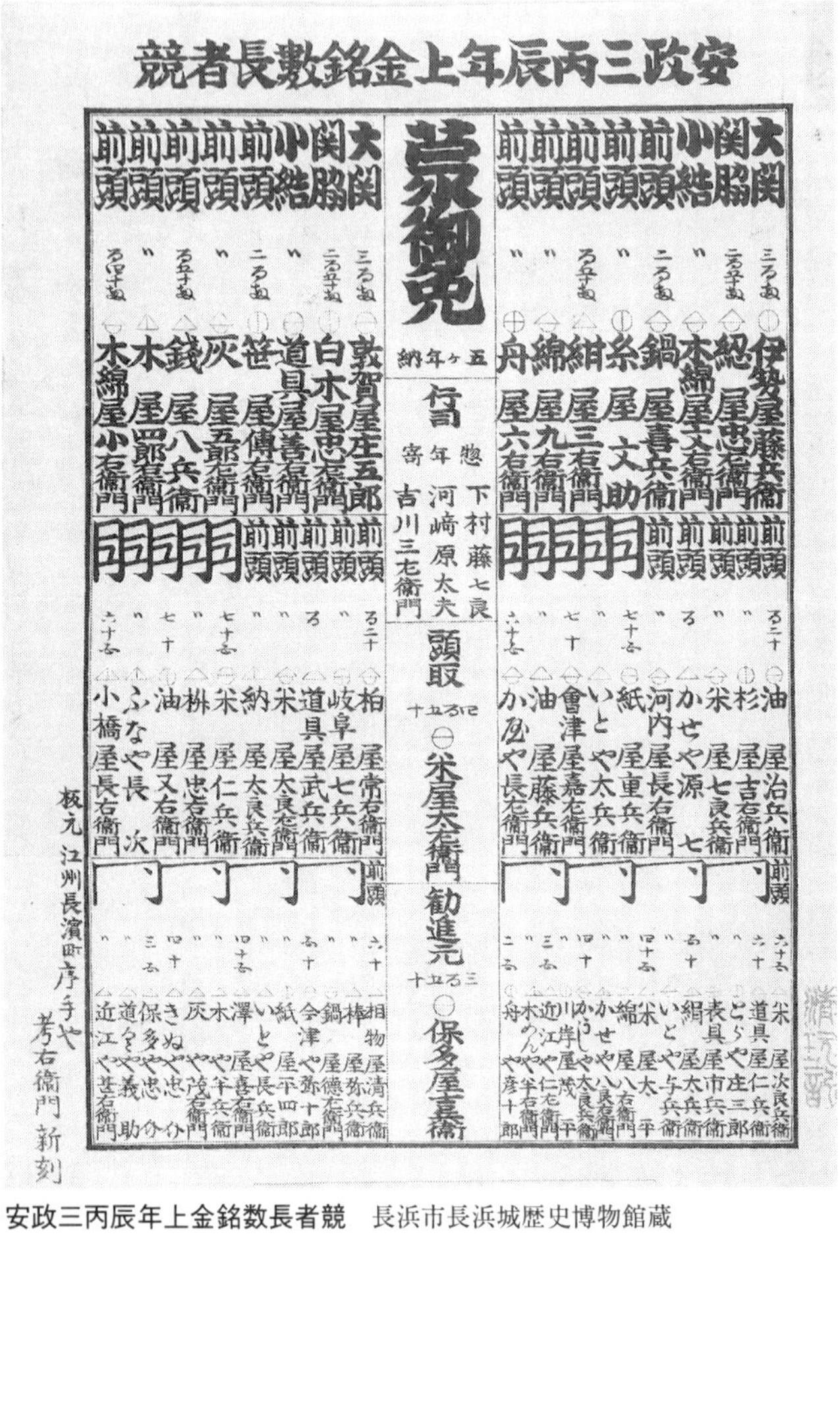

安政三丙辰年上金銘数長者競　長浜市長浜城歴史博物館蔵

として百二十両の油屋治兵衛があげられている。やはり、この五人が当時の長浜町の経済的中心であった。彼らは、それぞれの町で曳山の維持・管理に大きな影響力を持ったことは想像に難くない。

明治時代の長浜商人—浅見又蔵　明治時代になると、江戸末期とは異なる新しい商人が現れ、長浜の経済界ばかりでなく政界をも牽引《けんいん》していく。

まず、第一に神戸町の浅見又蔵の名を上げる必要があろう。彼の家は、浜縮緬の製造販売が本職であったが、多くの公共事業に関与している。明治十五年（一八八二）に長浜—関ヶ原間の鉄道が開通したが、これは浅見が計画した私費による鉄道敷設案を国が採用したものであった。さらに、湖上交通についても、明治初期の汽船就航に、尾板六郎と共に関与し、その後小汽船会社間の競争の不利を説き、明治十五年には太湖《たいこ》汽船会社を設立、同十八年（一八八五）には頭取に就任している。また、私財を投じて長浜港の改修にあたっている。

長浜における第二十一国立銀行の設立に出資し、大津の第六十四国立銀行の経営危機を私財を投じて救ったこともあった。その活動は日本赤十字社への度重なる寄付や、長浜尋常高等小学校移転にともなう寄付など、福祉・教育にもおよぶ。現在長浜盆梅展の会場として知られる慶雲館も、明治二十年(一八八七)に明治天皇の行幸殿《ぎょうこうでん》として、浅見又蔵が建造したものである。明治三十一年(一八九八)からは五代目の長浜町長となっている。彼の活動はこのように実に幅広く、明治時代の長浜を築いた人物といえる。

明治時代の長浜商人――下郷伝平　つぎに、下郷伝平について触れるべきであろう。下郷家はもともと南新町の餅屋であった。伝平の時代から骨董《こっとう》商や米穀商・油商に手を伸ばし、米と油の相場師として、また旧士族へ渡された公債の売買で巨利を得た。明治十六年(一八八三)には大阪製紙会社を買収して下郷製紙所と改めた。この会社は二代目伝平の時代に、中之島製紙株式会社に発展した。同十九年(一八八六)には近江製糸株式会社を長浜町に設立し、同二十八年(一八九五)には長浜銀行を創設している。この他、近江鉄道や後に関西電力となる大阪電灯株式会社にも出資しており、内外物産貿易株式会社を設立、海外貿易にも意欲を燃やした。その活動は、長浜の域をはるかに越えていた。

明治二十三年(一八九〇)に帝国議会が開設されると、多額納税者として貴族院議員に選ばれている。伝平は若い頃から福祉事業に熱心であったが、明治二十二年(一八八九)三月、長浜小学校の新築を町に提言、私費をもって校舎を新築するため、三千円の寄付を申し出た。しかし、公共施設である学校を、一個人が建設するのは適当ではないとの反対意見により、この計画は実現しなかった。これに先立って、明治十九年（一八八六）、大津に滋賀県商業学校ができているが、この設立にも伝平は助力している。また、青年の東京留学への補助も行なっており、教育に対する出資にも積極的であった。

下郷共済会博物館「鍾秀館」の建物（平成24年解体）

初代伝平は明治三十一年（一八九八）に没したが、二代目伝平も近江製糸株式会社の社長など多くの企業の重役をつとめ、六代目長浜町長や貴族院議員に選ばれ、父に続き長浜の指導者の一人であった。また、文化人としても知られ、明治三十六年（一九〇三）には福祉・教育事業を行なう財団法人下郷共済会を設立、大正時代には図書館や博物館を建設するなど、長浜の戦前の社会教育事業を推進した人物として知られている。

この他、明治二十六年（一八九三）以来、必成社《ひっせいしゃ》の社長として、北海道の開墾事業を行なった中呉服町の川路重平や、宮町で鋳物業を営む西川徳重郎も、社会奉仕に尽くし、明治初期の長浜政財界に大きな影響力を持った人物として特筆できる。

五　明治から現代への隆盛

学校と鉄道　明治四年（一八七一）九月、学制発布の前年であったが、長浜の町内五ヶ所の寺子屋を統合して、第一小学校が設立された。この学校は明治七年（一八七四）に、神戸町に洋風三階建の校舎が建造され、開知学校として再出発をとげている。この早くからの小学校開設と校舎新築に力を尽くしたのは、浅見又蔵を中心とする長浜の町民たちで、校舎工費三千余円の全額は長浜町民の寄付によるものであった。この後、長浜尋常高等小学校と改名されたが、明治三十一年（一八九八）から三十六年（一九〇三）にかけての高田町への校舎移転に際しても、浅見又蔵が寄付を行なったことは前に記した。

明治十年（一八七七）十二月、県下で初めての国立銀行となった第二十一国立銀行が神戸町に設立された。国立銀行は設立順に番号で呼ばれたが、大津は第六十四、彦根は第百三十三であったから、長浜の早さが分かる。また、ほかの国立銀行の出資者は多く旧華族・士族であったのに、長浜の第二十一国立銀行の出資者は長浜の新興経済人が中心であった点に特徴がある。発起人として、松本藤十郎・浅見又蔵・下郷伝平・川路重平・西島庄五郎の名が見えているが、いずれも先に紹介した新興商人である。この他、十一町の材木商石居四郎平、坂田郡室村（長浜市室町）で生糸工場を興した柴田源七、下船町の生糸商中村弥重郎、郡上町の同じく生糸商中村喜平などの名があるが、いずれも浅見又蔵らと同じく江戸中期以来台頭した長浜やその近隣の商人たちである。第二十一国立銀行の設立は、長浜に蓄えられた財力の豊富さを内外に見せつけるものであった。

長浜汽船湖東丸図　長浜市長浜城歴史博物館蔵

蒸気船と鉄道　明治二年（一八六九）、初めて琵琶湖に蒸気船が就航して以来、徐々に湖上からは丸子船が消えていった。長浜でも、明治五年（一八七二）には尾板六郎らによって、湖竜丸が購入され就航した。また、翌年には長運丸が建造され、本格的な蒸気船の時代を迎えた。明治十三年（一八八〇）には京都―大津間の鉄道が開通、さらに同十五年（一八八二）には長浜―柳ヶ瀬間（北陸線）、同十六年

(一八八三)には長浜―関ヶ原間(東海道線)、同十七年には柳ヶ瀬トンネルが開通し長浜―敦賀間の鉄道が開通し、長浜は敦賀からの北陸線と大垣からの東海道線の終着駅となり、京都方面へ向かう人の汽船乗換駅となり大いに栄えた。しかし、この繁栄はすぐに幕をとじた。明治二十二年(一八八九)に東海道線の長浜―大津間が完成し、長浜での乗り換えが不要になったからである。汽船乗り換え駅の頃、長浜は日本の東西・南北交通の要《かなめ》にあったことになり、豊富な財力を蓄えることができた。

以後の長浜は、江戸時代と同じく、湖北の物資の集散基地として経済力を保持していく。鉄道やバスなどの交通機関の発達によって、周辺農村地域からの「浜ゆき」は増えていった。大通寺の夏中《げちゅう》法要や、長浜曳山祭の賑いはそれを象徴するものである。戦後、高度成長期を経過し、長浜五十二町があった長浜市街地の衰微が問題になったが、平成元年(一九八九)に誕生した黒壁ガラス館により、京阪神からの新たな「浜ゆき」現象が起こり、活況を呈していることは周知のとおりである。

おわりに

この本が出来上がるまでは、実に長い道のりだった。淡海《おうみ》文シリーズに信長・秀吉を正面から扱った本がないのは寂しいのではという構想を、サンライズ出版の岩根社長に話したのは、平成二十五年（二〇一三）だったと思う。松下浩さんの著書『織田信長　その虚像と実像』（淡海文庫53）と同時に姉妹編として出す予定だった。出版まで、それから五年を要したが、その間に長浜城歴史博物館の館長を務めたり、「日本の祭り in ながはま２０１６」の事務局を担当したり、職場が変わるなどさまざまな理由から、執筆は遅々として進まなかった。長く編集にお付き合い頂いたサンライズ出版、特に岩根社長には感謝申し上げる。

本書は、日本史上最も有名な人物の一人と言える、秀吉の若き頃の新たな側面をあぶり出したもので、全国の歴史愛好家・研究者に読んで頂きたいことは当然である。しかし、それにも増して、長浜市や北近江にお住まいの方々に読んで頂きたいという思いがある。長浜という地方都市とその周辺の村々の歴史を、通史として描くことに配慮して執筆したつもりだからだ。長浜城が秀吉の城であることは誰でも知っているが、長浜市街地が秀吉の城下町であり、北近江全域が秀吉領国であったことを知る人は意外と少ない。長浜の市街地の通史を知ってもらいたい。それは、周辺の村々とも無縁ではなかったことも知って頂きたい、そういった希望を持っている。

今、長浜市は市民の方々と協働しつつ、市街地をテーマとして、文化庁が制度化した『日本遺産』の認定を目指して動いている。『日本遺産』はその地域の文化財をストーリー化してつなぎ、新たな観光PRを行なうツールとして、平成二十七年（二〇一五）から認定が始まった。東京オリンピックの年・二〇二〇年までに、全国で百件が認定される予定だが、現在は全国で六十七件が認定されている。長浜市は市街地をテーマに認定を受けようと、二年連続申請したが未だ成就していない。本書は、認定に至る基礎資料の集成のつもりでも書いた。次の認定が決まる二〇一九年春の吉報への原動力となれば、本書の役割は十分果たせたことになる。

平成三十年（二〇一八）十月二十七日

著者

豊臣（羽柴）秀吉関係年表

天文	六年（一五三七）	1歳	二月六日、尾張国愛知郡中々村に生まれる。
	十二年（一五四三）	7歳	一月二日、父の弥右衛門が死去する。実母なかは竹阿弥陀に再嫁する。
	二十年（一五五一）	15歳	松下加兵衛に仕える。
	二十三年（一五五四）	18歳	織田信長に仕える。
			清洲城の普請に成功し、信長の信頼を得る。
永禄	四年（一五六一）	25歳	ねね（のちの北政所）と結婚する。
	八年（一五六五）	29歳	十一月二日、秀吉の初見文書で「木下藤吉郎秀吉」と名乗る。信長の一奉行として活躍。
	九年（一五六六）	30歳	墨俣に一夜城を築くと言われる（最近は『甫庵太閤記』の創作とされる）。
	十年（一五六七）	31歳	九月、稲葉山（後の岐阜城）を攻めて軍功をあげる。
	十一年（一五六八）	32歳	九月二十六日、足利義昭を奉じて上洛する。
元亀	元年（一五七〇）	34歳	四月三十日、越前金ヶ崎から撤退する信長軍の殿《しんがり》を務める。
			六月二十八日、姉川合戦に参陣する。その後、横山城番となる。

二年（一五七一）	35歳	九月十二日、信長の比叡山焼き討ちに参陣する。
三年（一五七二）	36歳	七月、信長が虎御前山城を築き、秀吉を城番にする。
天正元年（一五七三）	37歳	七月、この頃より、「羽柴」姓を名乗るようになる。
		九月一日、浅井氏の旧領を与えられる。一説に十二万石の大名という。
二年（一五七四）	38歳	六月、この頃から長浜城と城下町を建設する。
三年（一五七五）	39歳	五月二十一日、長篠合戦に参陣する。
五年（一五七七）	41歳	十月、信長の命により中国攻めを開始する。
七年（一五七九）	43歳	六月十三日、秀吉に属した竹中半兵衛が、三木城攻撃の陣中で死去する。
八年（一五八〇）	44歳	一月十七日、播磨三木城を攻め落とし、城主別所長治を自害させる。
九年（一五八一）	45歳	十月二十五日、因幡鳥取城を攻め落とし、城主吉川経家を自害させる。
十年（一五八二）	46歳	五月七日、備中高松城を包囲する。その後、六月二日の本能寺の変（信長の死）を知り、毛利方と和議を結び、六月十三日の山崎合戦で明智光秀を破る。
十一年（一五八三）	47歳	四月二十一日、賤ヶ岳合戦で柴田勝家を破る。大坂城の築城を始める。
十二年（一五八四）	48歳	三月～十一月、徳川家康と戦う（小牧・長久手合戦）。
		八月八日、大坂城の新亭に正式に移る。

	十三年（一五八五）	49歳	七月十一日、関白となり、九月九日には朝廷より豊臣の姓を受ける。
	十四年（一五八六）	50歳	十月二十七日、徳川家康が大坂城で秀吉に謁し、臣下の礼をとる。
	十五年（一五八七）	51歳	五月八日、薩摩島津氏を降伏させ、九州を平定する。
			十月一日、北野天満宮で大茶会を開く。
	十六年（一五八八）	52歳	七月八日、刀狩令を出して、農民の武装解除を行なう。
	十七年（一五八九）	53歳	五月二十七日、茶々が秀吉の子・鶴松を出生する。しかし、三歳で死去。
	十八年（一五九〇）	54歳	七月五日、小田原北条氏を降伏させる。さらに、奥州仕置を行なう。
	十九年（一五九一）	55歳	二月二十八日、千利休を堺に追放し、切腹を命じる。
			十二月二十八日、甥の秀次に関白を譲り、太閤となる。
文禄	元年（一五九二）	56歳	三月二十六日、朝鮮に出兵する（文禄の役）。
	二年（一五九三）	57歳	八月三日、茶々が秀吉の子・秀頼を出生する。
	四年（一五九五）	59歳	七月十五日、甥の秀次を高野山で切腹させる。
慶長	二年（一五九七）	61歳	二月、再び朝鮮に出兵する（慶長の役）。
	三年（一五九八）	62歳	三月十五日、醍醐の花見が行われる。
			八月十八日、伏見城で死去する。朝鮮の日本軍が引き揚げる。

主な参考文献

阿部猛・西村圭子編『戦国人名事典』（新人物往来社、一九九〇年）
太田浩司『浅井長政と姉川合戦―その繁栄と滅亡への軌跡―』（サンライズ出版、二〇一一年）
尾下成敏『清洲会議後の政治過程―豊臣政権の始期をめぐって―』（『愛知県史研究』10、二〇〇六年）
尾下成敏「信長在世期の御次秀勝をめぐって」（『愛知県史研究』19、二〇一五年）
小和田哲男『豊臣秀吉』（中公新書、一九八五年）
桑田忠親『太閤家臣団』（新人物往来社、一九七一年）
桑田忠親『桑田忠親著作集5　豊臣秀吉』（秋田書店、一九七九年）
小島道裕『城と城下―近江戦国誌』（新人物往来社、一九九七年）
柴裕之「羽柴秀吉の領国支配」（戦国史研究会『織田政権の地域支配』、二〇一一年）
染谷光広「木下秀吉文書についての補説」（『日本歴史』300、一九七三年）
高柳光寿『戦国戦記　賤ヶ岳の戦』（春秋社、一九五八年）
谷口克広「元亀年間における信長の近江支配体制について」（『日本歴史』471、一九八七年）
谷口克広『織田信長家臣人名辞典』（吉川弘文館、一九九五年）
谷口克広「信長の兄弟と息子の出生順」（『愛知県史のしおり』資料編11〈織豊1〉付録、二〇〇三年）
中井均『近江の城―城が語る湖国の戦国史―』（サンライズ印刷出版部、一九九七年）
中川泉三『近江長濱町志』一（臨川書店、一九八八年）
仁木宏・松尾信裕編『信長の城下町』（高志書院、二〇〇八年）
西川幸治『日本都市史研究』（日本放送出版協会、一九七二年）

早川圭「余呉町域における賤ヶ岳合戦関連城砦群―神明山砦の位置づけを中心に―」（余呉町教育委員会・城郭懇話会『賤ヶ岳合戦城郭群調査報告書』、二〇〇四年）
播磨良紀「羽柴秀吉文書の年次比定について」（『織豊期研究』16、二〇一四年）
福田千鶴「豊臣秀吉発給こぼ宛書状について」（『九州産業大学国際文化学部紀要』52、二〇一二年）
藤井尚夫「賤ヶ岳の合戦」（同『フィールドワーク　関ヶ原合戦』（朝日新聞社、二〇〇〇年）
藤田達生「小牧・長久手の戦いと羽柴政権」（『愛知県史研究』13、二〇〇九年）
堀新・井上泰至編『秀吉の虚像と実像』（笠間書院、二〇一六年）
三鬼清一郎『織豊期の国家と秩序』（青史出版、二〇一二年）
森岡榮一「長浜城下町の成立について」（『滋賀県立琵琶湖文化館研究紀要』6、一九八八年）
森岡榮一「長浜在城時代の家臣団」（杉山博、渡辺武、二木謙一、小和田哲男編『豊臣秀吉事典』新人物往来社、一九九〇年）
和田裕弘『織田信長の家臣団―派閥と人間関係』（中公新書、二〇一七年）
渡邉世祐『豊太閤の私的生活』（創元社、一九三九年）
市立長浜城歴史博物館『開館五周年記念特別展　羽柴秀吉と湖北・長浜』（一九八八年）
市立長浜城歴史博物館『神になった秀吉―秀吉人気の秘密を探る―』（二〇〇四年）
市立長浜城歴史博物館『一豊と秀吉が駆けた時代―夫人が支えた戦国史―』（二〇〇五年）
長浜市教育委員会『長浜市伝統的建造物群保存対策調査報告書』（一九九五年）
長浜市教育委員会『長浜曳山祭総合調査報告書』（一九九六年）
長浜市教育委員会『賤ヶ岳合戦城郭群報告書』（二〇一三年）
米原市『米原町史』通史編（二〇〇二年）

写真提供協力者（敬称略、五十音順）

胡　光（愛媛大学法文学部）
株式会社　臨川書店
島津弘美
寿福　滋
竹生島宝厳寺
たつの市教育委員会
たつの市立龍野歴史文化博物館
田中　茂
知善院
辻村耕司
中島誠一
長浜市市民協働部歴史遺産課
長浜市長浜城歴史博物館
長浜八幡宮
豊国神社（長浜）
妙法寺
脇坂安知

■著者略歴

太田浩司（おおた・ひろし）　長浜市　市民協働部　学芸専門監

昭和36年10月、東京都世田谷区生まれ。昭和61年３月、明治大学大学院文学研究科（史学専攻）博士前期（修士）課程修了。専攻は、日本中世史・近世史。特に、国宝「菅浦文書」や、戦国大名浅井氏に関する研究を行なう。昭和61年４月から市立長浜城歴史博物館（現在は長浜市長浜城歴史博物館）に学芸員として勤務。担当した展覧会は、特別展『石田三成　第２章―戦国を疾走した秀吉奉行―』（平成12年）、特別展『戦国大名浅井氏と北近江』（平成20年）、NHK大河ドラマ特別展『江～姫たちの戦国～』（平成23年）など多数。平成23年NHK大河ドラマ「江～姫たちの戦国～」では、時代考証スタッフをつとめた。平成26年４月から、長浜市長浜城歴史博物館の館長を３年間勤める。市民協働部　次長を経て、平成30年４月から現職。

著書：『テクノクラート小堀遠州』、『近江が生んだ知将　石田三成』、『浅井長政と姉川合戦』、『湖の城・舟・湊 ―琵琶湖が創った近江の歴史―』（いずれもサンライズ出版）

近世への扉を開いた羽柴秀吉《はしばひでよし》
―長浜城主としての偉業を読む―
淡海《おうみ》文庫61

2018年10月27日　第１刷発行　N.D.C.216

著　者　太田　浩司

発行者　岩根　順子

発行所　サンライズ出版株式会社
〒522-0004 滋賀県彦根市鳥居本町655-1
電話 0749－22－0627
印刷・製本　サンライズ出版

ISBN978-4-88325-190-2　Printed in Japan　定価はカバーに表示しています。
乱丁・落丁本はお取り替えいたします。

淡海文庫について

「近江」とは大和の都に近い大きな淡水の海という意味の「近（ちかつ）淡海」から転化したもので、その名称は「古事記」にみられます。今、私たちの住むこの土地の文化を語るとき、「近江」でなく、「淡海」の文化を考えようとする機運があります。

これは、まさに滋賀の熱きメッセージを自分の言葉で語りかけようとするものであると思います。

豊かな自然の中での生活、先人たちが築いてきた質の高い伝統や文化を、今の時代に生きるわたしたちの言葉で語り、新しい価値を生み出し、次の世代へ引き継いでいくことを目指し、感動を形に、そして、さらに新たな感動を創りだしていくことを目的として「淡海文庫」の刊行を企画しました。

自然の恵みに感謝し、築き上げられてきた歴史や伝統文化をみつめつつ、今日の湖国を考え、新しい明日の文化を創るための展開が生まれることを願って一冊一冊を丹念に編んでいきたいと思います。

一九九四年四月一日